SUTTON
VERLAG

>>>>>>>>>SpurenSuche

Gundula Niegot

# Hamburg

## Rundgänge durch die Geschichte

**Impressum**

Sutton Verlag GmbH

Hochheimer Straße 59

99094 Erfurt

www.suttonverlag.de



Gestaltung und Herstellung: Markus Drapatz

ISBN 3-89702-903-0

# Inhaltsverzeichnis <<<<

# *Die Geschichte Hamburgs – ein kurzer Abriss*

Die Entwicklung Hamburgs zur bedeutenden Hafenstadt und Handelsmetropole des 21. Jahrhunderts nahm 1300 Jahre in Anspruch. Auf einem geschützten Geestrücken zwischen Alster, Bille und Elbe entstand um 700 n.Chr. eine vorerst unbefestigte sächsische Ansiedlung. Der Bau der Hammaburg begann Anfang des 9. Jahrhunderts. Ham bedeutet Bucht, Ufergelände oder Sumpfgebiet, Hamme bedeutet Wald auf einer Landzunge, und das Gebiet um die Hammaburg war von dichtem Wald bewachsen. Missionsbischof Ansgar, der „Apostel des Nordens", hatte hier seinen Sitz. Davor siedelten sich Handwerker, Fischer, Händler und Schiffer an. Sie gründeten so die Keimzelle der Hafen- und Handelsstadt Hamburg.

Als offizieller Beginn der Stadtgeschichte gilt die Stiftungsurkunde Kaiser Ludwigs des Frommen von 834. Im Jahre 845 überfielen die Wikinger die Ansiedlung und zerstörten die Burg, die danach nicht wieder aufgebaut wurde. Das Bistum Hamburg wurde mit dem Bremer zusammengelegt und Ansgar verlegte 848 seinen Sitz nach Bremen. Erst 1995 sollte Hamburg wieder Sitz eines katholischen

*Das Modell der Hammaburg steht im Museum für Hamburgische Geschichte.*

Erzbistums werden. Zur Zeit Ansgars hatte Hamburg ca. 250 Einwohner. Sie konnten weitere Angriffe nicht verhindern, auch nicht durch den mehrfachen Bau des so genannten Heidenwalles ab dem 10. Jahrhundert und eines Grabens im Osten der Stadt im Jahre 983. Um 1035 entschied sich Erzbischof Bezelin Alebrand sogar dafür, seinen Wohn- und Wehrturm aus Findlingen zu errichten. Reste des Turms sind in der Kreuslerstraße erhalten geblieben. Es war der erste Profanbau aus Stein im Norden des Reiches. Um die Machtverhältnisse gegenüber dem Erzbischof wieder geradezurücken, baute Herzog Bernhard II. wenig später auf dem Platz des heutigen Rathauses ebenfalls eine Burg, die Alsterburg, die 1139 endgültig zerstört wurde. 1061 errichtete der Sachsenherzog Ordulf von Billung die Neue Burg auf einem Stück Land, das an drei Seiten von der Alster eingerahmt wurde. Die Straße „Neue Burg" erinnert als eine der ältesten nachgewiesenen Hamburger Straßen an diese Burg. Die Festung beherrschte die Alsterfurt an einem wichtigen Verkehrsweg, aber schon 1072 wurde sie zerstört. Anfang des 12. Jahrhunderts baute die Grafenfamilie der Schauenburger, die von den Herzögen in Hamburg eingesetzt wurde, die Neue Burg wieder auf. Sie ließ das Gebiet mit Marschwiesen eindeichen und weiter besiedeln, auch mit Siedlern aus Westfalen, Friesland und Holland. So entstand die gräfliche Neustadt, die im Alsterbogen einen eigenen Hafen hatte. 1195 errichtete man für die neuen Einwohner die St.-Nikolaus-Kapelle auf dem heutigen Hopfenmarkt. Schon seit längerem stand die Kirche St. Petri in der älteren Handwerker-Ansiedlung auf dem Berg der Altstadt. Ihre urkundliche Erwähnung ist für das Jahr 1195 nachgewiesen.

Zu Beginn des 12. Jahrhunderts schlossen sich Handwerker zu Zünften zusammen, den so genannten Ämtern. Angehörige eines Berufszweiges waren meist in derselben Straße angesiedelt, was auch heute noch an den Straßennamen in der Altstadt abzulesen ist, wie der Großen Bäckerstraße oder der Schmiedestraße. Auch wenn eine Straße eine besondere „Eigenart" hatte, wurde sie oft danach benannt, wie die Fuhlentwiete, in der es eher „faul" gerochen haben soll. Die Straßennamen wurden aber erst 1788 endgültig festgelegt. Den kleinen Gassen zwischen den Häusern gab man die Bezeichnung „Gang", kleine Wege zwischen zwei Straßen nannte man Twiete.

Kaiser Friedrich I. Barbarossa verlieh der gräflichen Neustadt im Jahre 1189 einige Privilegien: freien Warenverkehr, freie Schifffahrt auf der Elbe, die Rechte für Fischfang, zum Holzen und Weiden sowie zum Geld wechseln. Doch der Kaiser sicherte sie nur mündlich zu und erst 1265 ließen sich die Hamburger diesen Freibrief bestätigen.

Auch wenn es schon vorher kleine Häfen und Anlegestellen gab, wird der offizielle Hafengeburtstag für das Jahr 1189 angenommen. Zur selben Zeit wurde die Alster erstmals aufgestaut, um eine Kornmühle anzutreiben. Der Damm entstand an den heutigen Straßen Graskellerbrücke und Großer Burstah. Ein weiterer Damm entstand im 14. Jahrhundert am heutigen Jungfernstieg, um die Obermühle anzutreiben.

Ab 1202 übernahmen Dänen Hamburg. Wechselnde Herrscher regierten die Stadt, bis 1227 Graf Adolf IV. von Schauenburg in der Schlacht von Bornhöved König Waldemar II. von Dänemark besiegte und Hamburg befreite. Dankbar über seinen Sieg stiftete Graf Adolf das Franziskanerkloster St.-Maria-Magdalenen am Platz der heutigen Börse und trat selbst in das Kloster ein. In der Stadt kehrte vorerst Ruhe ein und der Handel, Grundlage des Hamburger Wachstums, konnte ausgeweitet werden. Im 13. Jahrhundert schlossen sich Altstadt und Neustadt zusammen. Ein gemeinsames Rathaus, die Börse (als erste Börse in Deutschland schon 1558 gegründet), das Gericht und die Bank wurden an der „Nahtstelle" beider Städte, der Trostbrücke, errichtet. Der Erzbischof trat seine Rechte an die Schauenburger Grafen ab, die wiederum dem Rat von Hamburg mehr Rechte zusprachen, z.B. das Recht, selbst Gesetze und Verordnungen zu erlassen. Schon 1188 hatte Hamburg von den Grafen das Stadtrecht erhalten. 1230 errichtete man um die Stadt eine befestigte Mauer mit Türmen und Toren. Hamburg gewann im 13. Jahrhundert an Fläche und an Einwohnern. Das sumpfige Marschgelände wurde erschlossen, indem Entwässerungsgräben angelegt wurden, die späteren Fleete.

Um 1236 begründeten Dominikanermönche mit dem St.-Johannis-Kloster am heutigen Rathausmarkt das zweite Kloster. Beide Hamburger Klöster wurden 1529 mit der Reformation von Johannes Bugenhagen aufgelöst, der die Johannisschule gründete, die erst die Klosterräume auf dem Rathausmarkt nutzte, 1840 in das neue Schulgebäude am Domplatz zog. Zuvor stand auf dem Platz der Mariendom, mit dessen Bau 1248 begonnen wurde, 1329 konnte er als dreischiffige Basilika eingeweiht werden. Die Seitenschiffe entstanden nur dank der Spenden reicher Hamburger, bis 1434 war der Bau vollendet. Zu Beginn des 19. Jahrhunderts wurde er abgerissen.

Durch Trockenlegung und Eindeichung des umliegenden Landes wurde neuer Raum gewonnen und die Stadt konnte sich weiter ausdehnen. Die Kirchspiele St. Jacobi im Osten und St. Katharinen im Süden kamen hinzu. Insgesamt hatte Hamburg nun vier Kirchspiele, die auch die Verwaltungsbezirke ausmachten. Da es in Hamburg immer wieder brannte, sah sich die Stadt gezwungen, Maßnahmen zu ergreifen. 1676 wurde die „Feur-Cassa“ als erste Versicherung der Welt gegründet, um wenigstens die Folgen von Brandschäden für die Betroffenen so gering wie möglich zu halten.

Der Hafen im Nikolaifleet musste auch für größere Schiffe erreichbar sein und so baute man 1260 die Hohe Brücke, die den Eingang zum Hafen überspannte. 1273 gab es die erste gepflasterte Straße in Hamburg, die Steinstraße, die zum Lübecker Tor führte.

Die in Nordeuropa tätige Hanse wurde gegründet und viele Städte – so auch Hamburg im Jahre 1321 – traten dem Städtebund bei und bekamen Beinamen, die sich aus ihrem Haupthandelsgut ergaben, Hamburg wurde das Brauhaus. 1375 zählte Hamburg 457 Brauhäuser. Erst Ende des 15. Jahrhunderts verlor das Braugewerbe an Bedeutung.

1375 hatte Hamburg ca. 8.000 Einwohner, bis 1450 stieg die Zahl auf 16.000. Die wichtigsten Berufe zu dieser Zeit waren die Handwerke. Dazu gehörten: häusliches Gesinde, Träger, Zieher, Schlepper, Schieber, Treiber, Fuhrleute, Bierführer, Quartiers- und Schiffsmannschaften, Schiffbauer, Salz- und Brauerknechte, Tagelöhner des Baugewerbes, Steinträger und Gräber. Der dänische König Christian I. wurde 1464 Schleswig-Holsteinischer Landesherr und erhob Anspruch auf Hamburg. Die Stadt erwiderte dies mit dem Bau einer neuen Stadtbefestigung, denn die alte hätte den neuen Entwicklungen der Waffentechnik nicht mehr standhalten können. Da Hamburg wirtschaftlich prosperierte, war genug Geld zum Bau der Verteidigungswerke vorhanden, zumal auch die Hamburger verpflichtet wurden, sich am Bau zu beteiligen. Hamburg wollte nie eine enge Bindung mit anderen Staaten eingehen und sich schon gar nicht in Abhängigkeit begeben. Dänemark erkannte die Selbstständigkeit Hamburgs vorerst nicht an und es gab Auseinandersetzungen, als Dänemark 1664 Altona zur Stadt erhob und jedem zusicherte, dort sein Gewerbe und seine Religion frei ausüben zu dürfen. Damit war Hamburg natürlich nicht einverstanden, da der Stadt Zolleinnahmen verloren gingen. Die vielen Auseinandersetzungen zwischen Dänemark und Hamburg wurden erst 1768 durch den Gottorper Vergleich endgültig beigelegt. Hamburg verzichtete dabei auf die Rückzahlung der Schulden von Dänemark und erhielt dafür die Anerkennung als „Kaiserliche Freie Reichsstadt“ – allerdings erst nach einer Zahlung von einer Million Talern – sowie die Unabhängigkeit vom Herzogtum Holstein.

Zu Beginn des 16. Jahrhunderts hielt die Reformation in Hamburg Einzug und ab 1529 war Hamburg lutherisch. Dennoch zog Hamburg auch immer wieder Glaubensflüchtlinge aus anderen Ländern an. Sie durften zwar in der Stadt leben, aber ihren Glauben nicht öffentlich ausüben. Die Einwanderer belebten jedoch die Wirtschaft mit ihrem Wissen und ihren Kontakten. Neue Gewerbe wurden eingeführt, wie die Verarbeitung von Zucker und Stoffen, die dafür benötigten Rohstoffe importierte man aus fernen Ländern. Berühmte Hamburger Familien haben holländische Vorfahren, etwa die Familie Amsinck.

Auch im Rückwärtsgang konnte man in Hamburg Geld verdienen: Zur Herstellung von Tauen und Seilen gingen die Reepschläger oder Seiler rückwärts. Zu Beginn des 17. Jahrhunderts erlebte das Gewerbe einen Aufschwung, über die Stadt verteilt entstanden mehrere Reeperbahnen, u.a. vor dem Millerntor. Sie zählt heute zu den bekanntesten Straßen der Stadt.

Die Stadtbefestigung aus der Mitte des 16. Jahrhunderts, die alle vier Kirchspiele umfasste und parallel zum Alten Wall verlief, konnte den Neuerungen in der Waffentechnik nicht widerstehen. Von 1616 bis 1626 entstand daher mit großem Aufwand eine neue Befestigungsanlage, die der niederländische Ingenieur Johan van Valckenburgh plante. Sie sollte Hamburg zur uneinnehmbaren Festung machen. Allerdings konnte sich die Stadt nun nicht mehr ungehindert ausdehnen. In den Wirren des Dreißigjährigen Krieges (1618-1648) flohen jedoch viele Menschen in diese „Insel des Friedens“, die nicht eingenommen werden konnte. So entstand doch ein neues Kirchspiel, St. Michaelis. Damit hatte Hamburg fünf Kirchspiele mit je einer Hauptkirche: St. Petri, St. Nikolai, St. Jacobi, St. Katharinen und St. Michaelis. Die aufgestaute Alster wurde durch die Stadtbefestigungslinie in Binnen- und Außenalster geteilt.

Dafür, dass es innerhalb der Stadtmauern nicht ruhig zuging, sorgten die Hamburger selbst. Es gab Auseinandersetzungen zwischen dem Rat und der Bürgerschaft, die um die Macht stritten. Nach Jahrzehnten endete der Streit damit, dass man sich die politische Macht teilte. Vorher mussten allerdings zwei Köpfe rollen, die von Hieronymus Snitger und Cord Jastram, Kaufmann und Reeder von Beruf. Sie hatten den dänischen König Christian V. um Vermittlung gebeten. Der sah die Gunst der Stunde gekommen und wollte gleich ganz Hamburg haben. Mit über 18.000 Soldaten stand er vor den Toren Hamburgs und verlangte Einlass. Die Hamburger konnten den Angriff erfolgreich abwehren, die beiden „Anstifter“ wurden wegen Hochverrats geköpft. Der Streit zwischen Bürgerschaft und Rat ging jedoch weiter, erst der 1712 beschlossene „Hauptrezeß“ führte aus der Verfassungskrise. Er legte fest, dass Rat und Bürgerschaft gemeinsam die Regierung übernahmen. In die Bürgerschaft aufgenommen werden konnten aber nur diejenigen, die das Bürgerrecht besaßen, also die männlichen, volljährigen Bewohner Hamburgs, die über mindestens 1.000 Reichstaler verfügten.

Das Krameramt, eine 1375 von den Krämern, also den Kleinhändlern, gebildete Vereinigung, baute im Jahre 1676 Häuser, in denen die Witwen verstorbener Zunftbrüder wohnten. Das Geschäft des Ehemannes durften sie nach dessen Tod nicht weiterführen, es fiel an einen männlichen Nachkommen. Diese Häuser sind heute ganz in der Nähe des Michel, der Hauptkirche St. Michaelis, noch zu besichtigen. Durch die sich entwickelnde Industrialisierung und die Verlagerung häuslicher Gewerbe in große Fabrikhallen wurden die Zünfte 1865 aufgehoben und die Gewerbefreiheit eingeführt.

Nicht nur allein auf der Basis der politischen Neutralität konnte Hamburg über Jahrhunderte seine Selbstständigkeit bewahren und damit das Wachstum für den Handel, das Gewerbe und die Schifffahrt langfristig sichern und zu einer eigenständigen, unabhängigen Stadt werden. Auch Kunst und Wissenschaft sowie nicht zuletzt die Offenheit Fremden gegenüber, die ihr Wissen und ihre Fähigkeiten mitbrachten, hatten ihren Anteil an der Prosperität der Stadt. Hier wurde 1678 die erste deutsche Bürgeroper gegründet, an ihrer Stelle entstand fast 100 Jahre später das Nationaltheater am Gänsemarkt. Musikalische Größen wie Georg Philipp Telemann und Carl Philipp Emanuel Bach bereicherten nicht nur die Kirchen mit ihrer Musik, sondern begeisterten die Hamburger auch mit ihren Konzerten.

Das Zeitalter der Aufklärung kündigte sich 1765 mit der Gründung der Patriotischen Gesellschaft an. Sie hatte sich die „Beförderung der Künste und nützlichen Gewerbe" auf die Fahnen geschrieben und widmete sich sozialen Fragen. So wurden verschiedene Institutionen, wie die Sparkasse, die öffentlichen Bücherhallen und die Armenanstalt, aufgrund ihrer Initiative gegründet. Ein Drittel der Hamburger Bevölkerung war arm. Schon im 17. Jahrhundert wurde ein Werk- und Zuchthaus eröffnet, das Arbeits- und Mittellose aufnahm, um sie mit Arbeit zu „züchtigen".

Hamburg hat ein historisch gewachsenes Stiftungswesen. Schon im 15. Jahrhundert gab es Wohnstifte, die nicht von Spitälern oder Klöstern eingerichtet wurden, sondern aus privater Motivation entstanden, und diese Tradition blieb über die Jahrhunderte bestehen.

Namensänderungen erlebte Hamburg einige Male. Seit dem 15. Jahrhundert nannte sich Hamburg „Kayserliche Freye Reichsstadt", 1510 erkannte der Reichstag in Augsburg den Namen an, Dänemark allerdings nicht. Seit 1768 durfte sich Hamburg offiziell als „Kayserliche Freye Reichsstadt“ bezeichnen, 1806 erlosch der Titel und wurde in „Freye Hansestadt“ geändert. Nach der Besetzung Hamburgs 1806 durch französische Truppen verhängte Napoleon die Kontinentalsperre: Der Kontakt und Handel mit England waren verboten, um das Land zu schädigen. Das ging nicht spurlos an den Hamburger Kaufleuten vorüber und wirkte sich bis auf die ärmsten Schichten aus. 1810 gliederte Napoleon Hamburg ins französische Kaiserreich ein. Nach dem Abzug der französischen Truppen im März 1813 und der erneuten Besetzung im Mai 1813 befreiten Russen und Preußen ein Jahr später Hamburg und es gab wieder einen Senat der „Freien Hansestadt“. Doch die Stadt hatte schweren Schaden erlitten. Die Häuser waren verbrannt oder zerstört, die Kirchen sogar als Pferdeställe missbraucht worden.

1815 wurde Hamburg als souveräner Staat neben drei weiteren Stadtstaaten und 37 souveränen Fürstentümern Mitglied im Deutschen Bund, der bis 1866 Bestand hatte. Ab 1819 hieß die Stadt nach der Bürgertradition offiziell „Freie und Hansestadt Hamburg“. Das „und“ bedeutet, dass Hamburg in erster Linie eine freie und außerdem eine Hansestadt ist. Der wirtschaftliche Aufschwung nach der französischen Besetzung ließ nicht lange auf sich warten. Bald kamen so viele Schiffe nach Hamburg, dass Liegeplätze an den Kais rar waren. So wurden Pfähle in den Grund der Elbe gerammt, die so genannten Duckdalben, an denen die Schiffe festmachen konnten. 1840 hatte Hamburg 160.000 Einwohner und Wohnraum wurde knapp. So entstanden in den Hinterhöfen die so genannten Buden. Die Sähle, die allerdings nur dem Namen nach großzügig wirken, lagen im ersten Stock des Hauses und waren über einen separaten Eingang zu erreichen. Viele Menschen wohnten auch in Kellern und setzten sich bei Überschwemmungen durch Sturmfluten oder heftigen Regen großen Gefahren aus.

In den Straßen herrschte rege Betriebsamkeit: Händler priesen lautstark ihre verschiedenen Waren an, die sie in Körben oder Eimern mit sich herumtrugen. Dabei versuchten sie, das Hufgeklapper und Droschkengeknarre zu übertönen. Die Winden an den Häusern quietschten, Kommandos wurden gerufen. Es war nicht nur laut, es war auch schmutzig. Die Menschen bahnten sich einen Weg durch den Unrat und die Abfälle, die aus den Häusern direkt auf die Straßen geworfen wurden, wo sich die Haustiere darauf stürzten und alles, was nicht gefressen wurde, zu einem Brei traten, dem Gassenkummer. Dass derart unhygienische Verhältnisse zu Krankheiten führten, verwundert nicht. 1831 und Ende des 19. Jahrhunderts wurde Hamburg von Cholera-Epidemien heimgesucht. 1842 ereilte Hamburg ein weiterer Schicksalsschlag: der Große Brand. Der historische Kern der Stadt wurde weitestgehend zerstört. Das Feuer brach in der Nacht zum 5. Mai in einem Speicher in der Deichstraße aus. Nachmittags brannte die Nikolaikirche, am nächsten Tag war auch die Petrikirche verbrannt. Die Menschen flohen vor der heißen Flammenwand, die unberechenbar durch die gesamte Innenstadt wütete. Um dem Feuer keine Nahrung mehr zu bieten, begann man, ganze Häuserzeilen zu sprengen, darunter das alte Rathaus und die alte Börse. Erst am 8. Mai fand das Feuerinferno ein Ende in der Nähe des heutigen Hauptbahnhofes, die Straße Brandsende erinnert noch daran. 20.000 Menschen wurden obdachlos, 51 starben.

Doch die Zerstörung bot auch die Möglichkeit, die Stadt neu zu strukturieren. Fortan durften Häuser nur noch aus Stein errichtet werden. Die Straßen wurden neu geplant, vorhandene Straßen verbreitert und gepflastert. Den Abschluss des Wiederaufbaus bildete die Fertigstellung des Rathauses im Renaissancestil. Allerdings dauerte das seine Zeit: Es wurde erst 1897 eingeweiht.

Eine technische Kommission aus Architekten und Ingenieuren sowie eine Rat- und Bürgerdeputation wurden nach dem Großen Brand ins Leben gerufen, der der englische Ingenieur William Lindley als Berater angehörte. Er entwarf die Pläne zur Trinkwasserversorgung Hamburgs und entwickelte für die Abwasserentsorgung das damals in Deutschland modernste und zum Teil heute noch bestehende Sielsystem. Die Stadtwasserkunst in Rothenburgsort ist Teil seiner Entwürfe. Doch das Wasser wurde vor der Verteilung nicht gefiltert, sodass auch Aale und andere Fische durch den Wasserhahn direkt ins Haus kamen. Da die Verschmutzung des Elbwassers über die Jahre zunahm, aber nichts für die Verbesserung der Trinkwasserqualität getan wurde, war es nur eine Frage der Zeit, bis es zur Katastrophe kommen sollte. Im sehr heißen Sommer 1892, Hamburg hatte 620.000 Einwohner, brach die Cholera aus. Fast 9.000 Menschen starben, annähernd 17.000 Menschen erkrankten. 1893 wurden dann Filter zum Reinigen des Elbwassers eingesetzt, nach längst vorhandenen Plänen. Zur Prävention von Epidemien gehörte auch die Sanierung bzw. der Abbruch der Gängeviertel in der Altstadt zu Beginn des 20. Jahrhunderts.

1862 wurde mit dem längst überfälligen Ausbau des Sandtorhafens begonnen. Bis dahin mussten die Schiffe entweder auf dem offenen Elbstrom vor Anker gehen oder in den natürlichen Buchten oder Seitenarmen der Elbe anlegen. Um die Waren weiter in die Speicher und Lagerhäuser der Stadt zu transportieren, benutzte man Schuten. Der Bau des offenen Tidehafens geht auf Johannes Dalmann zurück, den damaligen Wasserbaudirektor, der den jederzeit zugänglichen Tidehafen einem Dockhafen vorzog. Untrennbar mit dem Aufschwung des Hafens ist der Name der Werft Blohm & Voss verbunden. Die Ingenieure Hermann Blohm und Ernst Voss eröffneten 1882 ihren Betrieb auf Steinwerder. In Spitzenzeiten arbeiteten bis zu 14.000 Mann bei der Werft und bauten Schiffe wie die „Vaterland“ und die „Bismarck“. Die Hamburgische Handelsflotte umfasste etwa 500 Schiffe und segelte auf allen Meeren der Welt, die hamburgischen Kaufleute handelten mit allen Kontinenten.

Am 31. Dezember 1860 fiel die unbeliebte Torsperre, jetzt konnte man die Stadttore zu jeder Tages- und Nachtzeit ungehindert passieren. Das gab der Hamburger Wirtschaft noch einmal Auftrieb und die städtische Bebauung breitete sich in die ländlichen Gebiete aus. Ab 1866 fuhren Straßenbahnen, die von Pferden gezogen wurden, auf Schienen. Ab 1894 wurde dann auf elektrischen Betrieb umgestellt. Dazwischen fuhren auch Kutschen und große Wagen, die von Menschen oder Tieren (Pferden und Hunden) gezogen wurden. Eine Fahrkarte für die Straßenbahn kostete 10 bis 20 Pfennig. Einige Unfälle ereigneten sich, weil die Fußgänger glaubten, die Straßenbahn könne auch ausweichen. Erst als vorn an der Bahn ein Tastgitter mit Fangnetz angebracht wurde, verringerte sich die Anzahl der Unfälle. Da Damen mit großen Hüten andere Passagiere des Öfteren mit ihren Hutnadeln verletzten, wurde es kurzerhand verboten, mit Hutnadeln die Bahn zu betreten. 1978 wurde die letzte elektrische Straßenbahn durch Busse ersetzt.

Mit dem Beitritt Hamburgs zum Norddeutschen Bund 1867 wurden die Hamburgischen Konsulate weltweit aufgelöst und das Ende der Hamburgischen Handelsflagge eingeläutet. Von der Gründung des Deutschen Reichs 1871 an galt nicht mehr die Hamburger Verfassung sondern die Reichsverfassung. Das Bürgermilitär, die Hamburger Bank und die Stadtpost wurden aufgelöst, die Hamburger Währung, Maße und Gewichte wurden ungültig, und die Reichsmark hielt Einzug in Hamburger Geldbeutel. 1872 wurde die Eisenbahnverbindung in Richtung Süden in Betrieb genommen, nachdem es zuvor schon die Verbindungen in Richtung Bergedorf und Altona gab. Am 1881 eingerichteten Fernsprechnetz beteiligten sich anfangs 206 Bürger. Vier Jahre später wurde die kommunale Straßenreinigung eingeführt. Noch zu Beginn des 17. Jahrhunderts wurden Männer, die sich einer Straftat schuldig gemacht hatten, vor eine große Karre gespannt. An der Anzahl der Glöckchen, die sie an einer Kette auf ihrer Brust trugen, konnte man ablesen, wie viele Jahre sie noch abzusitzen bzw. abzugehen hatten. Beim Klang der Glöckchen kamen die Hausfrauen bzw. -mädchen mit dem Unrat aus dem Haus gelaufen und warfen diesen in die Karre.

1888 eröffnete ein Freihafengebiet, infolge des Zollanschlusses Hamburgs an das Deutsche Reich. Allerdings standen dort, wo sich heute die Speicherstadt befindet, bis zu ihrem Abriss in den 1880er-Jahren hunderte von Häusern, in denen 20.000 Menschen wohnten. Sie wurden in andere Stadtteile wie Barmbek oder Hammerbrook umgesiedelt. Die Speicherstadt ist der größte zusammenhängende Lagerhauskomplex der Welt und der größte Umschlagplatz für Teppiche in der Welt. Durch den Bau der Speicherstadt veränderte sich die Architektur der Stadt, denn Wohnen, Arbeiten und Lagern fand nun überwiegend nicht mehr unter einem Dach statt. Lagerstätten befanden sich in der Speicherstadt, Kontorhäuser in der Innenstadt und Wohnhäuser in den umliegenden Bezirken. Zu diesen gehörten u.a. Eimsbüttel, Harvestehude und St. Pauli, die 1894 eingemeindet wurden.

Ihre Freizeit verbrachten die Hamburger gerne im 1907 eröffneten Tierpark Hagenbeck in Stellingen. Zuvor hatte Carl Hagenbeck auf dem Spielbudenplatz Tiere ausgestellt, die Kapitäne aus fernen Ländern mitgebracht hatten. Neben den Tieren zeigte er auch Menschen in so genannten „Völkerschauen“.

1912 wurde die Hoch- und Untergrundbahn in Betrieb genommen, zuerst auf der Strecke zwischen Rathaus und Barmbek, und die Anzahl der Autos stieg bis 1929 auf über 10.000. Der Hafen wurde der bedeutendste Hafen des Kontinents und der drittgrößte der Welt nach New York und London. Als 1914 der Erste Weltkrieg ausbrach, hatte Hamburg erstmals über eine Million Einwohner. Die Seeblockade der Briten ließ die wichtigen Handelsbeziehungen abreißen, die Hamburger verloren fast alle ihre Handelsschiffe. Nach dem Krieg kam es aufgrund von Inflation und politischen Auseinandersetzungen zu Unruhen. Doch Hamburg erholte sich. Neue Wohngebiete entstanden in Langenhorn, Barmbek oder Dulsberg. Der wirtschaftliche Aufschwung fand seinen Ausdruck auch in der Architektur: Fritz Höger baute von 1922 bis 1924 das Chile-Haus in Form eines Schiffes. Doch schon wenige Jahre später war die allgemeine wirtschaftliche Lage so schlecht, dass nicht einmal die Ausbildungsbeihilfe oder das Arbeitslosengeld ausgezahlt werden konnten. Die Unzufriedenheit in der Bevölkerung begünstigte den Aufstieg der Nationalsozialisten, 1933 zog die NSDAP ins Hamburger Rathaus ein. 1937 wurde das schon lange verhandelte Groß-Hamburg-Gesetz umgesetzt, das die Eingemeindung der ehemals preußischen Gebiete, wie Wandsbek, Altona und Harburg-Wilhelmsburg, vorsah. Die Erhöhung der Einwohnerzahl auf fast 1,7 Millionen bescherte Hamburg dennoch nicht den erhofften Aufschwung. Einzig die Werften, die die Kriegsschiffe bauten, konnten vorerst steigende Zahlen verbuchen. Der Zweite Weltkrieg brachte Hamburg Zerstörung und Tod. 55.000 Menschen starben, über die Hälfte des Wohnungsbestandes wurde zerstört und der Nachkriegswinter sollte einer der kältesten werden. Nach ca. 40 Luftangriffen auf Hamburg waren im Hafen 90 Prozent der Kaischuppen vernichtet und mehr als 60 Prozent der Speicher und Lagerhäuser ausgebombt. In den Hafenbecken lagen 3.000 Schiffswracks.

1950 hatte Hamburg dann 1,6 Millionen Einwohner. Tausende von Wohnungen entstanden in den Hochhäusern am Grindelberg sowie in den Hochhaussiedlungen der 1970er-Jahre am Osdorfer Born, in Kirchdorf-Süd, Mümmelmannsberg oder Steilshoop. 1952 ersetzte eine neue Verfassung die alte von 1946. Die 121 Abgeordneten der Bürgerschaft wählen den Präsidenten des Senats, also den Ersten Bürgermeister. Der wiederum beruft den Senat, also die Landesregierung. Nach dem Krieg regierte fast ununterbrochen die SPD in Hamburg, Bürgermeister waren Petersen, Brauer, Nevermann, Weichmann, Schulz, Klose, Dohnanyi, Voscherau und Runde. Die CDU stellte von 1953 bis 1957 Kurt Sieveking und seit 2001 Ole von Beust.

Ebenfalls 1952 eröffnete der Gastronom Otto Friedrich Behnke die Schiffsbegrüßungsanlage „Willkomm Höft“ beim Restaurant „Schulauer Fährhaus“ in Wedel. Vorbeifahrende Schiffe über 500 BRT werden mit ihrer Nationalhymne und in Landessprache über einen Lautsprecher begrüßt bzw. verabschiedet. Mehr als 50 Schiffe passieren täglich dieses beliebte Ausflugsziel. Im Hafen lief 1954 das erste Schiff nach dem Krieg vom Stapel. Das erste Vollcontainerschiff mit 1.178 Containern wurde im Mai 1968 im Hamburger Hafen gelöscht. Die Umstellung von Stückgut- auf Containerverladung fand in den 1970er-Jahren statt, seitdem steigt der Containerumschlag Jahr für Jahr, 1996 wurden mehr als drei Millionen Standardcontainer verladen. Mit der modernen Technik konnte auf viele Hafenarbeiter verzichtet werden. 1966 gab es noch 17.000 Hafenarbeiter, 1986 nur noch 10.000, 1995 war die Zahl schon auf 5.800 gesunken.

Gerade waren die Spuren des Krieges beseitigt, die Aufbauarbeit noch nicht ganz beendet, wurde Hamburg erneut von einem Schicksalsschlag getroffen. Wie schon 1362, 1412, 1570, 1625, 1661, 1717 und 1825 wurde die Stadt auch im Februar 1962 von einer verheerenden Sturmflut heimgesucht. Besonders stark waren Wilhelmsburg, Moorburg und Neuenfelde betroffen, insgesamt starben 317 Menschen, Tausende wurden obdachlos. Seitdem wurden die Deiche erhöht und der Hochwasserschutz verbessert. Bei der Flut im Januar 1976, die um 60 Zentimeter höher war als die von 1962, hielten Hamburgs Deiche.

Das Hafenwachstum zog bessere Verkehrsverbindungen der durch die Elbe getrennten Gebiete nach sich. 1974 weihte Bundespräsident Walter Scheel die Köhlbrandbrücke ein, die auch als Jahrhundertbauwerk oder „Hamburger Golden Gate" bezeichnet wird. 1975 kam nach über sechs Jahren Bauzeit der neue Elbtunnel mit einer Länge von 3,3 Kilometern dazu.

Auch im Bereich Medien entwickelte sich Hamburg: Zeitungs- und Zeitschriftenverlage wurden gegründet oder schlossen sich zusammen, so vereinigten sich die Verleger Bucerius, Jahr und Gruner 1965 zum Verlagshaus Gruner + Jahr GmbH & Co. Weitere große Verlage sind der Axel-Springer-Verlag, der Heinrich-Bauer-Verlag und der Spiegel-Verlag. Elf der 15 auflagenstärksten deutschen Zeitschriften werden heute in Hamburg verlegt, fast 50 Prozent der in Deutschland verkauften Zeitungs- und Zeitschriftenauflagen kommen von hier. Schon zu Beginn des 17. Jahrhunderts ließ sich ein Spediteur von Reisenden und Kaufleuten Neuigkeiten erzählen und verbreitete sie in einer wöchentlich erscheinenden Zeitung.

Die Stadt wächst weiter in Richtung Hafen, derzeit entsteht ein ganz neuer Stadtteil, die Hafencity. Erste Mieter sind im Sommer 2005 in die schicken Glas- und Stahlbauten am Sandtorkai eingezogen. Mit einem „Sprung über die Elbe" soll ein weiterer Fokus auf die im Süden der Stadt liegenden und bis dato „vernachlässigten" Stadtteile Veddel und Wilhelmsburg gerichtet werden.

Hamburg hat heute eine Fläche von 755 Quadratkilometern, davon sind 92 Prozent Land- und acht Prozent Wasserfläche, 74,4 Quadratkilometer nimmt der Hafen ein. Die Ausdehnung beträgt von Nord nach Süd und von Ost nach West jeweils 40 Kilometer. Die Einwohnerzahl hat sich bei 1,7 Millionen eingependelt. Sie wohnen in 104 Stadtteilen, die sieben Bezirke bilden. Das Straßennetz hat eine Länge von 3.956 Kilometern, mit 8.422 amtlich benannten Straßen, Plätzen und Brücken.

Hamburg liegt im Zentrum freier europäischer Märkte auf der Achse zwischen Ost und West, Nord und Süd. Die Stadt war immer ein Drehkreuz von Waren- und Geldströmen. Sie ist heute eine Industrie- und Handwerksstadt und natürlich die Hafenstadt Deutschlands. Der Blick in Hamburgs Zukunft zeigt eine wachsende Metropole. Die Vergangenheit dieser Stadt lernen Sie mit diesem Buch in der Hand kennen, wenn Sie sich in den Straßen auf Spurensuche begeben.

# Bierbrauer im alten Hamburg

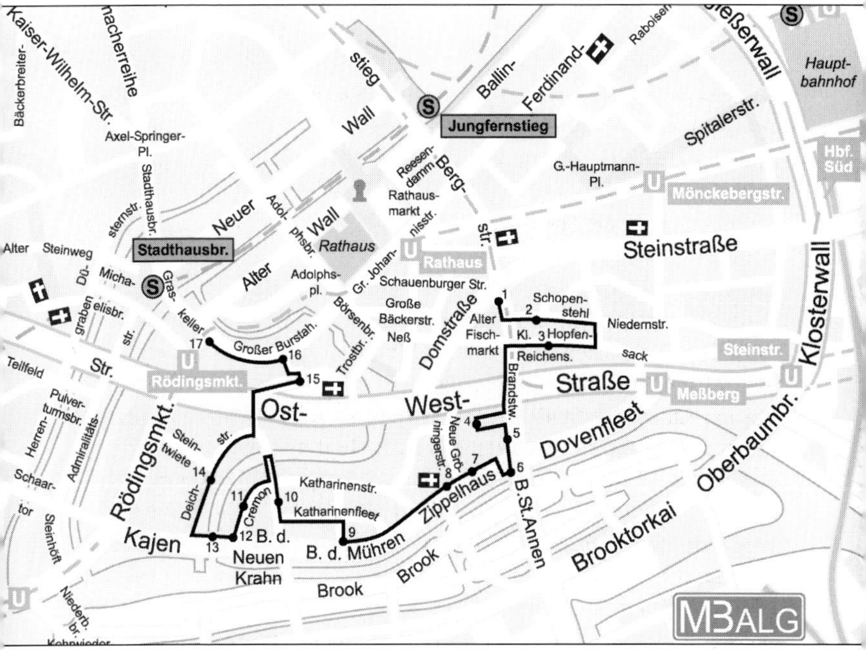


*Ausgangspunkt:* Domstraße / Ecke Alter Fischmarkt
*Dauer:* 1,5 Stunden
*Route:* Domstraße (1), Schopenstehl (2), Kleine Reichenstraße (3), Gröninger Braukeller, Ost-West-Straße 47 (4), Brandstwiete (5), Kornhausbrücke (6), Zippelhaus (7), St. Katharinen (8), Reimerstwiete (9), Mattentwiete (10), Cremon (11), Bei dem Neuen Krahn (12), Hohe Brücke (13), Deichstraße (14), Hopfenmarkt (15), Kleiner und Großer Burstah (16), Rödingsmarkt (17)

*Mauerreste des Mariendoms auf dem Platz an der Ecke Domstraße und Alter Fischmarkt.*

Der Stadtrundgang auf den Spuren des Bieres beginnt an der Stelle, an der Hamburgs Geschichte begann. In der Domstraße (1) wurde zu Beginn des 9. Jahrhunderts die Hammaburg als Keimzelle der Stadt errichtet. Ein Parkplatz hielt lange Zeit die Stellung an diesem geschichtsträchtigen Ort, der noch mehr zu erzählen hat, denn an der Kreuzung Speersort und Domstraße stand der Mariendom. Im Dom verkauften Händler beim traditionellen Christmarkt in kleinen Buden ihre Produkte. Als das Gotteshaus 1807 abgebrochen wurde, verlagerte sich der vorweihnachtliche Verkauf letztendlich auf das Heiligengeistfeld. Heute ist der „Hamburger Dom" das größte Volksfest in Norddeutschland und findet dreimal im Jahr statt. Ausgrabungen auf dem Domplatz sollen bis Ende 2006 Aufschluss über die spannende Anfangsgeschichte Hamburgs geben, hier wird nach Spuren der Hammaburg gesucht.

Die Kirche St. Petri auf dem Berg, wie die Anhöhe, auf der die Kirche steht, früher genannt wurde, ist schon 1195 als Marktkirche beurkundet und damit die älteste der fünf Hauptkirchen von Hamburg. Peter ist der Schutzpatron der Handwerker und die Kirche wurde im Zentrum der ersten Handwerker- und Händlersiedlung errichtet, an die nur noch die umliegenden Straßen erinnern: Schmiedestraße, Bäckerstraße, Brodschrangen, Pelzerstraße oder Knochenhauertwiete. In diesem Viertel waren im späten Mittelalter auch die Bierbrauer ansässig. Zu dieser Zeit war Bier wichtigster Exportartikel Hamburgs, es wurde schon im 13. Jahrhundert nach Holland, Friesland, England,

Spanien und Portugal exportiert. Die schönsten und größten Häuser der Stadt waren die Brauhäuser. In der oberen Etage hatten sie einen großen Lagerraum für Hopfen, Gerste, Weizen und Malz. Gebraut wurde in einer großen Diele im Erdgeschoss. Die Bürgerhäuser, zu denen auch die Brauhäuser zählten, vereinten stets Wohnen und Arbeiten unter einem Dach. Vom Lager im oberen Stockwerk führte eine Seilwinde durch alle Stockwerke bis in die Diele, in den mittleren Etagen waren die Wohnräume. Die offene Diele war Verkaufs-, Arbeits- und Repräsentationsraum, kleinere Räume im Erdgeschoss dienten als Kontor, also als Büro. Über einem Brauereitor stand der Spruch „In Ost und West, uns Beer dat best" – und so war es auch.

Gehen Sie am Alten Fischmarkt entlang zum Haus Schopenstehl 32/33 (2). Die Herkunft des Namens Schopenstehl ist nicht eindeutig geklärt. Eine Version, die zu den Bierbrauern passt, besagt, dass er sich vom mitteldeutschen „Schope", der Schöpfkelle der Brauer, herleitet, „stehl" ist der Stiel. Noch 1787 ist im Hamburger Adressbuch „Schopenstiel" als Straßenname angegeben. Im 17. Jahrhundert halfen „Schopenbrauer" an Brautagen beim langwierigen Brauvorgang, für den vier Knechte erforderlich waren, die nur zu diesen Tagen eingestellt wurden. Wenn nicht gebraut wurde, blieb noch genug Arbeit zu tun: Fässer mussten gesäubert oder repariert, Säcke von der Mühle abgeholt, Korn und Malz umgeschüttet, fertige Fässer verladen und das nächste Brauen vorbereitet werden, z.B. musste das Wasser geholt werden und so fort. Eine Magd verrichtete leichtere Arbeiten.

1709 waren im Schopenstehl zwölf Grundstücke mit Brauerben belegt, also mit der Erlaubnis, brauen zu dürfen. Diese war nicht an das Haus gebunden, sondern an das Grundstück. Auf einem dieser Brauerben-Grundstücke könnte das Haus Schopenstehl 32/33 stehen. Unter Einbeziehung der alten Häuserfassade mit einem Rokokoportal von ca. 1780 entstand dieses Haus von 1885 bis 1888 als Geschäftshaus. Es ist ein schönes Beispiel alter Bürgerhausarchitektur des 17. und 18. Jahrhunderts.

Die nächste Station ist das Haus Miramar, Schopenstehl 15. Nicht nur die Brauer waren in dieser Gegend zahlreich vertreten, sondern auch andere Berufsgruppen, die den Brauern zuarbeiteten oder im Umfeld des Brauereiwesens beschäftigt waren, wie Böttcher, Fuhrleute oder Töpfer. Mehr als 200 Böttcher waren im 14. Jahrhundert in Hamburg ansässig. Die Steinfiguren von Max Bach erinnern an die ehemals hier ansässigen Berufsgruppen. Man sieht einen Kaufmann, einen Hafenarbeiter, einen Kapitän, einen Bauern, der das Korn auch an die Brauereien lieferte, einen Architekten und einen Schmied.

*Das Haus Schopenstehl 32/33 steht wahrscheinlich auf einem alten Brauerben-Grundstück.*

Biegen Sie vom Schopenstehl nach rechts in die Straße Kattrepelsbrücke und gehen Sie weiter bis zum Hopfensack, der früher Hoppensack hieß. Der Name des Kontorhauses Nr. 19 – „Hopfen-Burg" – erinnert an den regen Handel und Verbrauch von Hopfen in vergangenen Zeiten. Allerdings wurde das Haus erst 1905 erbaut. Gleich nebenan verlief rechts ein Fleet, das der Wasserversorgung diente, aber nach dem Zweiten Weltkrieg zugeschüttet wurde. In den vergangenen Jahrhunderten befuhren kleine Schuten die Fleete und brachten die für die Bierproduktion benötigten Zutaten, die im Speicher eingelagert wurden.

Bis 1866 war die Straße Hopfensack von Wasser umschlossen und konnte nur über die Brauerstraßenbrücke erreicht werden. Sie war eine Sackgasse, was der Straße aber nicht ihren Namen gab. Der bezieht sich auf die Hopfensäcke, die hier in Hopfenbuden eingelagert wurden. Die Häuser lagen dicht am Wasser, das die Brauer zum Herstellen des Bieres benutzten, nachdem sie es mit Eimern aus dem Fleet geschöpft hatten. Im Hopfensack wurde bis 1350 auch Hopfen verkauft, später verlagerte sich der Verkauf in die Neustadt auf den Hopfenmarkt. Von dort holten die Brauerknechte den Hopfen mit großen Karren. Sie mussten dazu durch das Hopfentor in die Reichenstraße, in der viele Brauereien ansässig waren. Auch in der nahen Brauerstraße, eine der ältesten Straßen, waren im Mittelalter ausschließlich Brauereien ansässig. Sie wurde in den 1950er-Jahren für den Bau der Ost-West-Straße

*Die „Hopfen-Burg" im Hopfensack erinnert an die für das Bierbrauen so wichtige Pflanze aus der Familie der Hanfgewächse.*

(ab Dezember 2005 Willy-Brandt-Straße) geopfert. Wenn Sie sich nun statt des Autolärms, der sich von der Ost-West-Straße her aufdrängt, Hufgeklapper und das Knarren von Holzwagen vorstellen, dazu den Duft würzigen Bieres und die Stimmen der beschäftigten Menschen, dann sind Sie eingetaucht in den Alltag der Bierbrauer. Um 1600 wurde das Bier in Tonnen auf Pferdekarren oder -wagen transportiert. Die Fuhrleute verdienten daran, das Bier auszufahren, meist fuhr noch ein Knecht mit, um beim Abladen zu helfen. Eine Hamburger Biertonne hatte im 14. Jahrhundert ein Fassungsvermögen von 145 Litern.

Der Hopfensack geht über in die Kleine Reichenstraße (3), die sich in der Großen Reichenstraße fortsetzt. Folgen Sie dem Straßenverlauf bis zur Kleinen Reichenstraße 7. Der Name der Straße geht zurück auf wohlhabende Kaufleute, die so „steinreich" waren, dass sie sich Häuser aus Stein leisten konnten. Die Kleine Reichenstraße 7 ist ein Haus aus den 1830er-Jahren, das noch den schmalen Zuschnitt der mittelalterlichen Häuser zeigt. Mit der Rückseite reichten die Häuser dieser Straßenseite an das dahinter liegende Gröningerstraßenfleet heran. Im Mittelteil befand sich ein Hof, der von den Seiten des Gebäudes umschlossen war. Das Haus Nr. 20 wurde 1886 gebaut und zeigt, wie sich die Kaufmannshäuser gegenüber dem Mittelalter verändert hatten: Die Diele im Erdgeschoss gab es nicht mehr, Wohnungen und Arbeitsstätten wurden zunehmend getrennt. Hier, in der Nähe der

*Der „Gröninger Braukeller" lädt zur Einkehr ein.*

damals gerade erbauten Speicherstadt, in der die Handelsgüter bis zum Weitertransport lagerten, befanden sich geräumige Büros, die die Kaufleute dem engen Kontor im eigenen Haus vorzogen.

Verlassen Sie die Kleine Reichenstraße und biegen Sie nach links in die Brandstwiete, durch die Sie bis zur Ost-West-Straße gehen. Anstelle der Ost-West-Straße schlängelte sich das Gröningerstraßenfleet, an dessen Ufer hohe und schmale Häuser standen. Überqueren Sie nun die Ost-West-Straße und gehen in den kleinen Straßenrest zum Haus Ost-West-Straße 47. Hier befindet sich der „Gröninger Braukeller" (4). Das Gebäude von Mitte des 18. Jahrhunderts ist ganz typisch für die barocke Bebauung dieses Viertels. Es wurde 1762 für eine Brauerei gebaut. Man kann durch den Keller des gesamten Gebäudekomplexes gehen und gelangt so in eine weitere Brauerei.

1608 waren in der alten Gröningerstraße 31 Häuser mit Brauerben belegt, von denen zehn genutzt wurden. Der „Gröninger Braukeller" ist nach eigenen Angaben die älteste Braustätte Hamburgs. Im Kellergewölbe gibt es glänzende Braukessel, mit denen die mittelalterliche Brautradition bis heute fortgeführt wird. Hier können Sie bei Gröninger Pils einen Brauerschmaus oder andere leckere Gerichte genießen.

> Gröninger Braukeller
> Ost-West-Straße 47 (ab Dezember 2005 Willy-Brandt-Straße)
> Telefon: 040-33 13 81
> Mo.-Fr. ab 11 Uhr, Sa. ab 17 Uhr, So. Ruhetag

Der „Gröninger Braukeller" hatte einen amtlichen Brauereispruch, der an der Tür neben dem Eingang zu lesen ist: „Der Herr Bürgermeister gibt bekannt, dass am Mittwoch Bier gebraut wird und deshalb ab Dienstag nicht mehr in den Bach geschissen werden darf!" Das Wasser schöpften die Menschen und Betriebe früher einfach aus den Fleeten und Kanälen der Stadt, obwohl dort auch aller Unrat hineingeworfen und das benutzte Wasser wieder eingeleitet wurde. Bei großer Hitze und Ebbe war der Geruch in der Stadt fast unerträglich. Aber das verschmutzte Wasser tat dem Geschmack des Bieres keinen Abbruch. Im Gegenteil, es schmeckte sehr würzig, und war weltweit bekannt und beliebt. Nachdem das Fleetwasser immer stärker verunreinigt war, griffen viele Brauer dann auf das reine Wasser aus Brunnen und Quellen zurück.

Biegen Sie von der Ost-West-Straße nach rechts in die Brandstwiete (5). Folgen Sie der Straße in Richtung Zippelhaus. Die Häuser, an denen Sie vorbeigehen, stammen vom Ende des 19. Jahrhunderts. In unterschiedlichen Baustilen errichtet, geben sie einen kleinen Eindruck der vielfältigen hamburgischen Architektur. Ein kleines Buben-Relief am Haus Nr. 50 stellt die verschiedenen Arbeiten dar, die im nahen Hafen anfielen. An der Kornhausbrücke (6) stand von 1660 bis 1871 das städtische Kornhaus. In Hamburg fand einst ein umfangreicher Kornzwischenhandel statt.

Für eine Pause bietet sich nun das „Gröninger Gasthaus" an, die erste und einzige Weizenbier-Brauerei Hamburgs. Sie befindet sich nur ein paar Schritte von hier in der Straße Zippelhaus (7). „Zippel" bedeutet Zwiebel. Das Vorgängergebäude des „Gröninger Gasthauses" wurde von 1535 bis 1888, als die Speicherstadt gebaut wurde, als Gemüselager und Schlafstätte für die Gemüseverkäuferinnen von außerhalb genutzt. Heute stehen hier direkt neben den Tischen die Braukessel und es duftet nach Bier. Dies ist auch die Brauerei, die Sie vom „Gröninger Braukeller" durch den Kellergang erreichen.

Wasser und Bier gehörten in Hamburg untrennbar zusammen. Man brauchte das Wasser nicht nur, um das Bier zu produzieren, sondern auch, um es zu transportieren. An der Rückseite vieler

*Neben dem Braukessel im „Gröninger Gasthaus" hängt die Aufforderung: „Kinder sauft! Die Brauerei braucht leere Fässer".*

Brauhäuser verlief ein Fleet, als wichtiger, schneller und billiger Transportweg vom und zum Hafen. Fleete sind tideabhängige Wasserstraßen, die aus den Entwässerungsgräben entstanden.

> Gröninger Gasthaus
> Zippelhaus 4
> Telefon: 040-32 25 52
> Di.-Sa. ab 17 Uhr, So. und Mo. Ruhetag

Hamburg galt zur Hoch-Zeit der Hanse im 14. und 15. Jahrhundert, als dem Verbund zeitweise über 100 Städte angehörten, als Brauhaus, so wie Köln als Weinhaus, Lüneburg als Salzhaus oder Danzig als Kornhaus. 1375 gab es in Hamburg 457 Brauhäuser, 1517 schon 531. Bier gehörte zu den Grundnahrungsmitteln, nicht zu den Genussgetränken wie heute. Die Menschen starteten mit Biersuppe zum Frühstück und tranken das Gebräu in den verschiedensten Variationen über den ganzen Tag. Natürlich hatte das Bier damals einen sehr viel geringeren Alkoholgehalt als heutzutage. Teilweise wurde es mit Kräutern gewürzt oder man gab bei der Herstellung zerriebene Eichen- oder Buchenrinde zu – Hopfenwürze war noch unbekannt.

Nicht nur Männer, auch Frauen fanden Gefallen an dem Getränk; manchmal so sehr, dass sie sich dann unschicklich aufführten. Um die Ausschweifungen der Hanseatinnen in Grenzen zu halten, hatten Restaurants so genannte „Kinderhumpen", in die gar nicht erst so viel Bier hineinpasste.

Als Medizin wurde Bier ebenfalls eingesetzt. Husten wurde behandelt, indem man Butter in Bier kochte und die Mischung trank. Auch Würmer wollte man mit Bier vertreiben, angeblich war es ihnen zu bitter. Und wenn die lieben Kleinen nachts nicht durchschlafen wollten, flößte man ihnen Bier ein. Besonders versessen auf Bier sollen Hexen gewesen sein, die angeblich sogar ganze Fässer auf einmal leerten. Um böse Hexenblicke fernzuhalten, die das Bier in den Fässern verderben ließen, wickelte man eine Decke um das Fass. Und damit das Bier bei Gewitter nicht sauer wurde, legte man Brennnesseln, Salz oder Lorbeerblätter auf das Fass.

Auf dem Weg zur Reimerstwiete, der nächsten Station, kommen Sie an der St.-Katharinen-Kirche (8) vorbei. Die Backsteinkirche ist um 1274 erstmalig beurkundet, die heilige Katharina ist die Schutzpatronin der Schiffbauer und Bierbrauer. Im Kirchspiel St. Katharinen, zu dem auch die eingedeichten Marschinseln Grimm und Cremon gehörten, wohnten vor allem Handwerker und Kaufleute, die das Gotteshaus auch errichten ließen. Die goldene Krone am Turm

*Die Hauptkirche St. Katharinen*

*Häuser in der Reimerstwiete, einer der ältesten Straßen Hamburgs.*

der Kirche soll übrigens aus dem Gold von Klaus Störtebeker gemacht worden sein, dem sagenumwobenen Piraten, der 1401 unweit von hier auf dem Grasbrook geköpft wurde.

Überqueren Sie die Straße Steckelhörn und gehen Sie ein Stück Bei den Mühren entlang bis zur Reimerstwiete, die nach rechts abzweigt. „Mühren" waren die Mauern, die den Verlauf der mittelalterlichen Stadtmauern markierten. Die Reimerstwiete (9), die seit dem 13. Jahrhundert beurkundet ist, soll eine der ältesten Straßen Hamburgs sein. Hier stehen noch für diese Gegend typische Wohn- und Speicherhäuser in Fachwerkbauweise aus dem 17. bzw. 18. Jahrhundert, die in den 1980er-Jahren renoviert wurden. Die Fassaden dieser Häuser waren damals nicht so ausgeschmückt wie die anderer Kaufmanns- oder Speicherhäuser, zum Beispiel in der Deichstraße, denn hier waren eher Schlosser oder Bäcker ansässig. Im Haus Reimerstwiete 20, das 1810 gebaut wurde, wohnte einst ein Grützmüller, der aus Hafer und Gerste Grütze herstellte, die die Brauer weiterverarbeiteten. Am Haus Nr. 21 sehen Sie oben eine Winde, mit der die Güter an einem Seil, das über eine Rolle lief, auf die Etagen gezogen und durch die Luken in die Speicher befördert wurden.

Durch die Reimerstwiete kommen Sie zur Straße Katharinenfleet, in die Sie links einbiegen. Nach dem Zweiten Weltkrieg wurde die

Wasserstraße, wie viele andere, mit Trümmern zugeschüttet, weil das Fleet seine Bedeutung als Schifffahrtsweg für den Handel verloren hatte. Biegen Sie nach rechts in die Mattentwiete (10), die ihren Namen seit Mitte des 14. Jahrhunderts trägt. Mattenknechte arbeiteten bei den Bierbrauern, allerdings könnte der Straßenname auch vom Wort Maatstwiete abgeleitet sein, das auf die vielen Seeleute, die hier wohnten, verweist.

Ein paar Schritte weiter stehen Sie an der Kreuzung Mattentwiete, Holzbrücke, Cremon und Katharinenstraße. In der Katharinenstraße 4, gleich vorne rechts, wurden Vergangenheit und Gegenwart miteinander verknüpft: In den Bau wurde ein altes Sandsteinportal von einem im Krieg zerstörten Hamburger Bürgerhaus integriert.

Bevor es weiter in die Straße Cremon geht, werfen Sie noch einen Blick auf die Holzbrücke, die schon 1266 mit dem lateinischen Namen „Pons Lignorum“ erwähnt wurde. Dies aber nicht, weil sie aus Holz war, sondern weil in der Nähe Holz gelagert und gehandelt wurde. Von der Brücke aus sehen Sie auf das Nikolaifleet, den ältesten noch erhaltenen Teil des ehemaligen Hamburger Hafens. Von hier verließen im Jahre 1370 100.000 Fässer Bier die Stadt in alle Herren Länder. Wenn Sie in Richtung Hafen blicken, befinden sich auf der rechten Seite die Rückseiten der Häuser an der Deichstraße, links ste-

*Der Treppenaufgang in der Katharinenstraße 4 ist ein so genannter Beischlag, ein erhöhter Vorplatz vor der Haustür. Eine Treppe mit wenigen Stufen führt von der Straße zur Tür. Beischläge sind seit Mitte des 15. Jahrhunderts bekannt.*

hen die Häuser an der Straße Cremon (11). Dort gibt es im vorderen Bereich ein Ensemble von vier alten Speicherhäusern, die noch aus dem 18. und 19. Jahrhundert stammen. Trotz einiger Veränderungen im Laufe der Jahrhunderte ist die Speicherarchitektur an diesen vier Häusern noch klar zu erkennen, wie die Vorrichtungen für die Winden an den Dachgiebeln und große Luken in der Mitte jeder Etage, durch die die Güter auf die Böden, wie die Etagen in den Speichern genannt werden, gezogen wurden.

Im Cremon können Sie die Speicher von der Vorder- bzw. Landseite sehen und feststellen, dass sie der Rückseite durchaus ähneln. Denn auch hier wurden die Waren mit Hilfe von Winden hochgezogen und auf die Böden gebracht. Nachdem die Speicherstadt gebaut wurde, wurden auch diese Speicher zunehmend überflüssig und in Büros umgewandelt. Es besteht die Möglichkeit, sich auch das Innenleben der alten Gemäuer anzuschauen. Entweder im Restaurant „Nido“ oder im Weinkeller Cremon, der auf einem Grundstück steht, dessen Besitzer seit 1482 nachgewiesen sind, wie auf einer Tafel im Innenraum nachzulesen ist.

*Blick von der Holzbrücke auf die Rückseiten der Cremon-Speicherhäuser am Nikolaifleet.*

*Alte Speicherhäuser am Cremon.*

Nido
Cremon 35-36
Telefon 040-51 31 03 17
Mo.-Fr. 11-15, 18-24 Uhr, Sa. 18-24 Uhr, So. Ruhetag
Bei gutem Wetter kann man sich auch auf den Ponton hinter dem Haus direkt über dem Nikolaifleet setzen.

Weinkeller Cremon
Cremon 33-34
Telefon 040-36 21 90
Mo.-Fr. 11-22 Uhr, für geschlossene Gesellschaften nach Vereinbarung

Dieses Gebiet zwischen Nikolaifleet und Katharinenkirche war ehemals eine Marschinsel, ebenso wie das im Osten angrenzende Gebiet des Grimm. Nachdem es eingedeicht war, wurden Häuser gebaut. Die Straße Cremon ist eine der ältesten in Hamburg, ebenso der Straßenname. Über seine Herkunft kursieren mehrere Theorien: Entweder

*Der 1888 erbaute „Mäuseturm" diente dem Kranwärter als Dienstgebäude und Wohnung.*

stammt er von Krummohn (krummer Mond oder in de Krümm) oder vom Adelsgeschlecht Cremon bzw. Cramun.

Folgen Sie dem Verlauf der Straße Cremon in Richtung Speicherstadt. Sie mündet in die Straße Bei dem Neuen Krahn (12), der erstmals 1570 in Betrieb genommen wurde. Der vormals hier betriebene Tretradkran musste von acht Arbeitern, den so genannten Kranknechten, bedient werden und war fast 300 Jahre im Einsatz. Seinen Nachfolger sehen Sie links auf der gegenüberliegenden Straßenseite. Nachdem hier schon seit dem 14. Jahrhundert Kräne zum Entladen der Schiffe gestanden hatten, wurde dieser 1858 aufgestellt und war 117 Jahre in Betrieb, aber auch nur, weil er 1896 auf elektrischen Antrieb umgestellt wurde. Nötig wurde der Kran, weil große Schiffe nicht bis zum Alten Kran an der Zollenbrücke bei der ehemaligen Börse fahren konnten. Sie wurden dann hier entladen, wobei man das Gewicht der Ladung gleich mittels der integrierten Waage feststellte.

Biegen Sie nun nach rechts in die Straße Hohe Brücke (13) und gehen bis zur Brücke, von der Sie auf den ältesten noch erhaltenen Teil des Hamburger Hafens blicken können, nun in Richtung Holzbrücke. Die damalige Hohe Brücke war hoch genug, um die schmalen und meist mastlosen Boote – Schuten und Ewer – in das Nikolaifleet zu lassen, damit sie zur Zollenbrücke und dem dort gelegenen Hafen mit dem alten Kran, der Waage und der Börse oder zu den am Nikolaifleet gelegenen Speichern fahren konnten. Von der Hohen Brücke sieht man entlang des Nikolaifleets die Rückseiten der Häuser in der Deichstraße, einst das Zentrum der Brauerzunft. Eindrucksvoll ist das Ensemble der Fachwerkhäuser aus dem 17. und 18. Jahrhundert mit den Spitzgiebeln im vorderen Abschnitt der Häuserreihe. An dieser Stelle stand der Deich, den die ersten Siedler im 12. Jahrhundert errichteten und nach dem die Straße benannt wurde. An dem weißen Haus mit braunem Fachwerk ist ein Erker zu sehen, die so genannte „Utlucht", in dem sich die Aborte befanden, bevor es eine systematisierte Kanalisation in Hamburg gab.

Gehen Sie am Haus der Seefahrt in der Hohen Brücke 1 vorbei und in die Deichstraße (14) hinein. Sie wurde erstmals im 13. Jahrhundert bebaut und zwar nur auf der Landseite mit den so genannten Binnendeichshäusern. Die Grundstücke reichten bis an das Wasser heran. Die Wasserseite wurde erst seit dem 15. Jahrhundert mit Außendeichshäu-

*Die „Utlucht" an der Wasserseite des „Alt-Hamburger Bürgerhauses".*

sern, die sich rechts befinden und direkt am Wasser stehen, bebaut. Der Grund und Boden in der Deichstraße war in kleine Streifen aufgeteilt, auf denen die Häuser errichtet wurden. Winzige Wege zwischen den Häusern erlaubten einen Zugang zum Fleet, die so genannten Fleetgänge, die es noch gibt. Somit hatten alle, die nicht direkt am Wasser wohnten, trotzdem einen Fleetzugang. Das Wasser aus den Fleeten war lebensnotwendig, denn es gab noch keine Wasserleitungen in den Häusern. Die Gebäude waren sehr schmal, die Vorderfront, die so genannte „Schauseite", wurde schön verziert. Die Grundstücksbesitzer waren vor allem Brauer und Kaufleute. Allerdings brauten nicht alle Brauer ihr Bier mit dem übel riechenden Wasser aus den Fleeten. Manche bekamen ihr Wasser seit 1430 über hölzerne Rohre aus einem Quellbrunnen am nahe gelegenen Hamburger Berg. Von den 39 Anschlüssen des Deichstraßen-Feldbrunnens waren 27 für die Brauer. Ein vorzügliches Bier soll Fietje Brammer verkauft haben: Es war dunkelbraun, dickflüssig und schäumte ganz schön. Immer wenn Brammer gebraut hatte, fuhr er mit seiner Kutsche durch die Gassen und rief sein Bier aus. Die Hausfrauen kamen mit Eimern, Krügen und Kannen heraus und Brammer verkaufte sein Bräu, fünf Liter zu 35 Pfennig.

Im 17. Jahrhundert büßte das Bier an Zuspruch ein, der Export ging zurück, denn mittlerweile brauten auch andere Städte gutes Bier. Zudem wurde das Hamburger Bier in anderen Städten mit hohen Steuern belegt, und Getränke wie Kaffee und Tee nahmen an Popularität zu. Alten Reiseberichten zufolge gab es im Jahre 1662 noch 150 Häuser, in denen tatsächlich Bier gebraut wurde.

Die Deichstraße erlangte 1842 traurige Berühmtheit: In der heutigen Hausnummer 42 entzündete sich am 5. Mai 1842 im Speicher unter dem Dachboden ein kleines Feuer, das als der Große Brand von 1842 in die Geschichte Hamburgs eingehen sollte. Die Ursache des Brandes konnte nie geklärt werden. Er wütete zwei Tage und drei Nächte. Nach einem trockenen Frühling verbreitete sich das Feuer durch ungünstige und umspringende Winde in „Windeseile" in der ganzen Stadt. In den Speichern lagerten viele brennbare Materialien, die den Flammen zusätzlich Nahrung boten. Hunderte von Häusern mit über 4.000 Wohnungen und die Hauptkirchen St. Nikolai sowie St. Petri fielen den Flammen zum Opfer. 20.000 Hamburger wurden obdachlos, 51 starben. 40 der 66 Häuser in der Deichstraße brannten ab. Weitere Zerstörungen erlitt die Deichstraße im Zweiten Weltkrieg. So ist auch die einmalige Architektur der Kaufmanns- und Brauhäuser, die vom Nebeneinander des Arbeits- und Privatlebens geprägt war und das Hamburger Stadtbild ausmachte, größtenteils verschwunden.

*Ein typischer Fleetgang in der Deichstraße.*

Früher waren die Straßen sehr viel schmaler als heute, das gilt auch für die Deichstraße. Das führte zu erheblichen Parkplatzproblemen. Man behalf sich mit einem Trick: Nach Feierabend brauchte man die Winde oben am Giebel nicht mehr, und so zog man das Gefährt – ohne die Pferde – kurzerhand hinauf und parkte es im Speicher. Die ursprüngliche Straßenbreite kann man in Höhe des Hauses Nr. 42 nachvollziehen.

Das Haus Nr. 45 wurde ursprünglich 1698 erbaut. Hier befindet sich das Geschäft „Kolonialwaren". Wenn Sie nun eine kleine Rast einlegen möchten, dann sind Sie hier genau richtig. Probieren Sie im hinteren Ladenbereich mit Blick auf das Fleet die „Hamburger Fleetbrause", einen trockenen Sekt. Dazu gibt es hausgemachten Kuchen, Käsesnacks oder Salate. Geöffnet ist durchgehend, sonntags ist Ruhetag. Zwischen den Häusern 41 und 39 kann man noch einen typischen Fleetgang besichtigen. Der Zugang führt über einen Steg direkt auf einen Ponton auf dem Nikolaifleet.

Auf der rechten Seite steht, mit der Nr. 37, das „Alt-Hamburger-Bürgerhaus“. 1686 wurde erstmals ein Haus auf diesem Grundstück gebaut, 1750 entstanden bei einem Umbau die Diele und Stuckdecken. Beim Brand von 1842 wurde es nur wenig beschädigt. Nachdem der Verein „Rettet die Deichstraße“ das Haus erworben hatte, ließ er es 1980 restaurieren, und seitdem ist hier das „Alt-Hamburger Bürgerhaus“ untergebracht. Wenn möglich, werfen Sie einen Blick hinein. Hier kann man heute noch erkennen, wie früher in dieser Art von Häusern gewohnt und gearbeitet wurde. Die große Diele, in der auch Bier gebraut wurde, ist Mittelpunkt des Hauses und erstreckt sich über zwei Etagen. In den Anfängen des Brauwesens schenkte der Brauer das Bier, das er über den Eigenbedarf hinaus braute, an Nachbarn und Freunde aus, später verkaufte er es. Über das Treppenhaus erreicht man die ehemaligen Wohnräume. Im ersten Stock befindet sich auch die schon erwähnte „Utlucht“.

Das Haus Nr. 19 wurde beim Großen Brand 1842 zerstört und danach im damals typischen Rundbogenstil wieder aufgebaut. Bei einer Restaurierung des Treppenhauses wurde der alte Anstrich von 1881 freigelegt. Die Inschrift am obersten Stockwerk weist auf den Bauherrn Schäffer hin. Das Grundstück war mit einem Brauerbe belegt.

Mit dem Eindruck des alten Hamburg, das von Kaufmanns-, Brau- und Speicherhäusern geprägt war, gelangen Sie nun ans Ende der Deichstraße, wo Sie auf der blauen Cremonbrücke die Ost-West-Straße überqueren. Sie kommen nun zum Hopfenmarkt (15) und der Kirchenruine St. Nikolai. Bevor die Ost-West-Straße gebaut war, führte die Deichstraße direkt auf den Hopfenmarkt. Hier war der Hauptmarkt, der früher um einiges größer war als heute. Um 1250 hieß er noch Neumarkt, der alte Markt war der Alte Fischmarkt in der Altstadt. Mitte des 14. Jahrhunderts wurde er in Hopfenmarkt umbenannt. Hier wurde jedoch nicht nur Hopfen, der an den Vorsetzen am Elbufer angebaut wurde, verkauft. In den so genannten Schrangen, den Verkaufsbuden, oder auf dem offenen Platz wurden auch Obst, Gemüse, Fleisch und Fisch angeboten.

📖 Eine Fischverkäuferin am Hopfenmarkt zog einem Aal die Haut ab. Eine Kundin, die das beobachtete, sagte: „Nein, das geht doch zu weit“, worauf die Fischfrau antwortete: „Dat hett nicks to seggen. Dat maak ik nu all good vertig Jaar. Dor hebbt de Aal sick so bi lütten an geweunt.“ (Das hat nichts zu sagen.

Das mach ich nun gut vierzig Jahre. Da haben sich die Aale dran gewöhnt.)
War der Fisch einmal nicht mehr ganz frisch, wässerten die Fischfrauen ihn aus und bestreuten ihn mit Salz. Ehrliche Fischfrauen hackten dem Fisch auch den Schwanz ab, damit kamen sie einer Vorschrift nach, um anzuzeigen, dass der Fisch schon einen Tag alt war.

Eine reichhaltige Suppe aus früheren Tagen ist die Hamburger Aalsuppe, die auch heute noch gern gegessen und in einigen Hamburger Restaurants angeboten wird. Sie kann in unterschiedlichen Varianten gekocht werden, die Grundzutaten sind aber immer Schinkenknochen, Gemüse (Erbsen, Bohnen, Spargel, Wurzeln, Petersilienwurzeln, Blumenkohl, Porree), Backpflaumen, Rosinen, Birnen, Aal, Weißwein, Gewürze und Kräuter (Petersilie, Majoran, Bohnenkraut, Salbei, Thymian, Pfefferkörner, Salz, Essig, Zucker) und Grießklößchen.

Der Große Brand von 1842 wütete auch auf dem Hopfenmarkt. Schon während die Flammen von der Deichstraße herüberwehten, besuchten die Menschen noch den Mittagsgottesdienst in der Kirche – bis der Turm Feuer fing und abends zusammenstürzte. Auch die umstehenden Häuser wurden Opfer der Flammen. Der Nachfolgebau wurde im Feuersturm des Zweiten Weltkriegs abermals zerstört. Die rußgeschwärzte Ruine ist heute Mahnmal für die Opfer von Krieg und Gewaltherrschaft.

Die Inschrift des Vierländerin-Brunnens mitten auf dem Platz „Am Markt lernt man die Leute kennen“ verweist auf den tieferen Sinn eines Marktes. Leider ist aus dem ehemals so lebhaften Hopfenmarkt, auf dem die Köksch (Köchin) neben der Dame des Hauses einkaufte, ein unansehnlicher Parkplatz geworden.

Auf dem Hopfenmarkt gab es auch Löwen, allerdings keine echten. Die Waren, die hier verkauft wurden, brachte man mit Ewern zur Anlegestelle an der Holzbrücke am Nikolaifleet. Gegen ein Trinkgeld trugen die so genannten „Hopfenmarktlöwen“ – Gelegenheitsarbeiter, die sich ein paar Mark dazu verdienen wollten – alles zum Marktplatz.

*Ein Fleet schlängelte sich bis zu Beginn des 20. Jahrhunderts durch den Rödingsmarkt, wie heute die U-Bahn.*

Ehemals verband die Görttwiete den Hopfenmarkt mit dem Rödingsmarkt. Gört, auch Grütt oder Grutte, bedeutet Grütze. Hier stellten Grützmacher aus Hafer oder Gerste Grütze her, die die Brauer zum

Brauen verwendeten. Damit ein Grützmacher seinen Beruf ausüben konnte, benötigte er die Genehmigung seiner Nachbarn, da der Betrieb der Handmühlen zur Verarbeitung des Korns sehr laut war.

Gehen Sie vom Hopfenmarkt durch die Straße Kleiner Burstah und nach links in den Großen Burstah (16). Ihr Name ist aus den Worten Buur (Bauer) und stah (bleib stehen!) gebildet. Mutige Brauerknechte schlugen im 14. Jahrhundert einen Aufstand von Bauern aus dem Umland nieder, die durch das Millerntor in die Stadt gelangen wollten. Dabei riefen sie laut: „Buur stah!" Der dankbare Rat der Stadt Hamburg benannte die damals noch kleine Gasse in „Burstah" und gewährte den Brauern Privilegien wie die „Höge", ein großes, alle zwei Jahre stattfindendes Fest, das bis ins 18. Jahrhundert ausgelassen gefeiert wurde. Die Brauerknechte bekamen dafür sogar acht Tage Urlaub und ein Stück Ochsenfleisch. Eine weniger lebendige Begründung für diesen Straßennamen besagt, dass Bauern hier ein Gestade bauten, um damit die Alster aufzustauen. Dieser Damm hieß dann Burstade.

Vom Großen Burstah kommen Sie zur letzten Station des Rundgangs, dem Rödingsmarkt (17). Die Brücke der U-Bahn verläuft nach rechts über dem Mönkedammfleet. Die Verlängerung des Fleets nach links verlief direkt durch die Mitte des Rödingsmarktes, wo sich heute der Bahnhof befindet.

Einst waren am Rödingsmarkt viele Brauereien ansässig, noch zu Beginn des 19. Jahrhunderts gab es über 70 Brauerben in dieser Straße, die sich bis über die Ost-West-Straße fortsetzt. Die Brauer nahmen das Wasser zum Brauen aus dem Fleet, das sich mitten durch den Platz schlängelte, dort wo seit 1912 die Stelzen des U-Bahn-Viadukts verlaufen. Hier waren die Häuser nicht direkt ans Fleet gebaut, links und rechts verliefen Fahrstraßen. Die am Wasser aufgestellten Haspelwinden aus Holz dienten zum Abtransport der Bierfässer in die Schuten, die sie zum Hafen brachten.

Hinter dem U-Bahnhof an der Ecke befindet sich die Oberfinanzdirektion. Hier stand einst das Heiligengeisthospital. Es besaß vier Brauerben, also Grundstücke, auf denen gebraut werden durfte. Aus der Vermietung dieser Brauerben bezog das Hospital jährliche Einnahmen von immerhin 918 Mark.

Die Hausbrauereien mussten im 19. Jahrhundert größtenteils der industriellen Bierproduktion weichen. Es entstanden die Holsten-Brauerei in Altona, die Bavaria-St.-Pauli-Brauerei, die Bill-Brauerei und die Elbschlossbrauerei. Auch der Transport der Bierfässer wurde modernisiert. Die Pferdefuhrwerke, mit denen die Fässer ausgefahren wurden, waren ab 1956 in der Innenstadt verboten, da sie die Sicherheit des Straßenverkehrs gefährdeten und die Autos behinderten.

Zum Abschluss noch ein Rezept, das untrennbar mit Bier verbunden ist: Karpfen in Bier. Die Karpfen werden geschuppt, ausgenommen, gerissen und in Stücke geschnitten, mit etwas Salz eingesprengt, dann abgewischt, mit geschnittenen Zwiebeln, Nelke und Muskatblume und soviel Bier, dass die Karpfen bedeckt sind, gar gekocht und angerichtet. Guten Appetit!

# *Die Hamburger Wallanlagen*

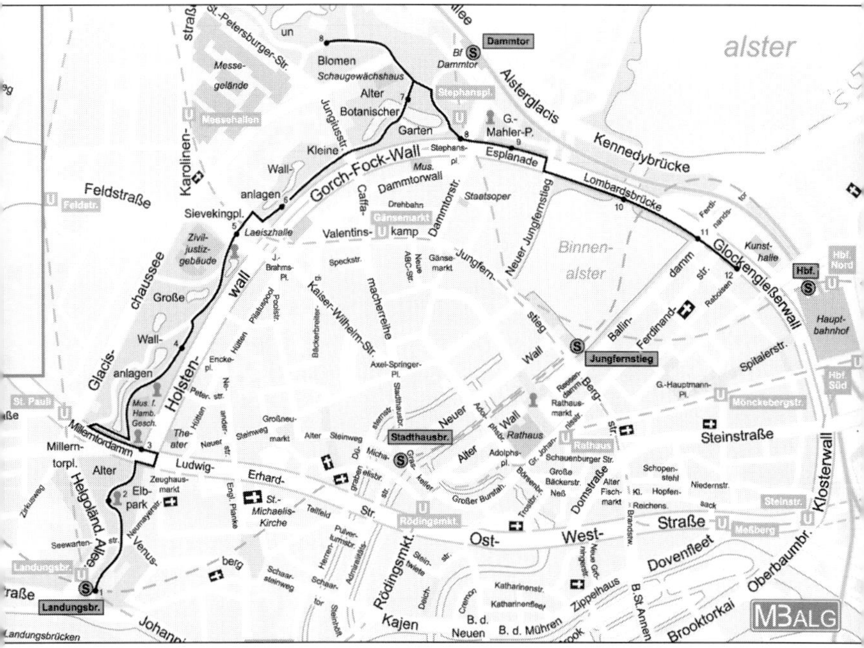

*Ausgangspunkt:* S-Bahn-Station an den Landungsbrücken
*Dauer:* 2 Stunden
*Route:* Stintfang (1), Alter Elbpark: Bismarck-Denkmal (2), Millerntordamm (3), Große Wallanlagen (4), Sievekingplatz (5), Kleine Wallanlagen (6), Alter Botanischer Garten (7), Abstecher zu Planten un Blomen, Stephansplatz (8), Esplanade (9), Lombardsbrücke (10), Ferdinandstor (11) Glockengießerwall (12)

Dieser Rundgang verquickt Wissen mit Genuss: Sie erfahren etwas über die alten Befestigungsanlagen der Stadt Hamburg und machen dabei einen Spaziergang durch einen der attraktivsten Parks der Stadt. Die Stadtteile Neustadt und Altstadt haben fast die Form eines Kreises, umgeben von einem Ring aus Straßen und Parks. Das ist der Verlauf der ehemaligen Stadtbefestigung aus dem 17. Jahrhundert. Sie hat sich besonders in den Bezeichnungen von Straßen und Plätzen erhalten. Namen wie Wall, Tor, Glacis, Bollwerk, Graben oder Damm weisen auf die ehemaligen Bestimmungen hin. Sie erinnern daran, dass Hamburg einst eine der am stärksten befestigten Städte und für Feinde uneinnehmbar war. Dieser Umstand begünstigte die Entwicklung des blühenden Handels, der die Grundlage für die Entwicklung zur heutigen Handelsmetropole bildete.

Die Wallanlagen Hamburgs aus dem 16. Jahrhundert waren nicht stark genug, um den damals neu entwickelten Waffen und Belagerungsmethoden standzuhalten. Da die Holländer zu dieser Zeit im Festungsbau führend waren, beauftragte die Stadt den niederländischen Ingenieur Johan van Valckenburgh. Unter seiner Leitung entstand von 1616 bis 1626 eine neue, starke Befestigungsanlage, die Hamburg zur modernsten Festung Europas machte. Die Pläne dafür entwickelte er nach italienischem Vorbild. Diese Techniken waren schon der niederländischen Landschaft angepasst worden, und leicht auf die norddeutschen Gegebenheiten übertragbar. Van Valckenburgh schuf einen Ring von 22 Bastionen, die im Westen durch elf vorgelagerte Ravelins und ein Hornwerk verstärkt wurden. Ravelins waren Außenwerke bzw. Vorschanzen im Graben vor den Bastionen, also den vorspringenden Teilen einer Festungsanlage. Auf den Bastionen befanden sich Wachhäuser und Pulvermagazine, später wurden daraus Aussichtspunkte. Alle Bastionen wurden nach den Bürgermeistern und Ratsherren der damaligen Zeit benannt. Von den Landungsbrücken im Uhrzeigersinn bis zum Baumwall waren es die Bastionen Albertus, Casparus (Millerntor), Henricus, Eberhardus, Joachimus, Ulricus, Rudolphus (Dammtor), Petrus, Didericus, David, Ferdinandus, Vincent, Hieronimus (Steintor), Sebastianus, Bartholdus (Deichtor), Ericus, Nicolaus (Brooktor), Gerhardus (Sandtor), Ditmarus, Hermannus, Georgius (Niederhafen) und Johannes.

Eine Besonderheit dieser Bauweise war, dass die Bastionen in regelmäßigen Abständen von ca. 1.000 Fuß errichtet wurden, sodass sie sich gegenseitig verteidigen konnten. Die Bastionsspitzen hatten annähernd einen rechten Winkel. Es wurden kaum Mauern, dafür aber Erdwälle und ein Wassergraben errichtet. Im toten Winkel befand sich ein Unterwall, Faussebraie genannt, der von den Soldaten besetzt werden konnte. Der Ausgang war ein kleines Schlupftor, die so genannte Poterne.

Erste Schanzarbeiten wurden 1616 durchgeführt. Nicht alle Anweisungen gab van Valckenburgh persönlich, denn er war nicht ständig in Hamburg, sondern baute auch für andere Städte Befestigungen. Sein größtes und bedeutendstes Bauwerk entstand jedoch hier. Die Fertigstellung erlebte van Valckenburgh allerdings nicht mehr, er starb 1625. Eine neue Wachordnung vervollständigte und beendete die Befestigungsbauten im Jahre 1626. In den Jahren zuvor forderte der Bau größte Anstrengungen von den Hamburgern. Nicht allein, dass sie Extra-Steuern zum Bau der Wälle zahlen mussten, das Grabengeld, sie mussten auch körperliche Dienste verrichten, die so genannten Handdienste.

Innerhalb der Wallanlagen entstand ein geschützter Raum, in dem sich die Stadt nicht nur wirtschaftlich positiv entwickeln konnte. Die moderne Festung des 17. Jahrhunderts schreckte die Feinde ab und erfüllte damit voll und ganz ihre Aufgabe, und das für die folgenden fast 200 Jahre. Als sie an Bedeutung einbüßte, wurden 1801 zuerst die kostspieligen Brücken vor den Toren entfernt. Die Entfestigung wurde 1804 weitergeführt, aber als die Stadt Hamburg 1806 von den Franzosen besetzt wurde, wurde sie kurzerhand erneut befestigt. Erst 1819, nach dem Abzug der Franzosen, beschloss der Stadtrat endgültig, die Befestigungsanlage, die sich kreisförmig um die Stadt legte, abzureißen. Bis 1832 gestaltete der Bremer Landschaftsgärtner Altmann das Gelände auf der westlichen Seite zu einem Park. Er integrierte die 12 bis 14 Meter tiefen Wallgräben in das Landschaftsbild. Die Arbeiten an den Wällen wurden nach 1800 von Erwerbslosen verrichtet, finanziert wurde das durch den Verkauf des Metalls, das beim Einschmelzen der Geschütze gewonnen wurde.

Der Rundgang beginnt dort, wo der Bau der Befestigung endete, bei den Landungsbrücken. 1626 wurden zum Abschluss der Befestigungsarbeiten das Johannisbollwerk (die danach benannte Straße befindet sich links von den Landungsbrücken) und das Hornwerk errichtet. Dieses Hornwerk war der Festung vorgelagert und bestand aus zwei halben Bastionen, die zusammengefügt wurden. Es wurde nach dem damals amtierenden Ratsherrn Johann Rodenberg benannt. Dieses Bollwerk wurde 1837 abgetragen, weil es den Niederhafen einengte. Dann wurden erst zwei, später eine weitere Landungsbrücke gebaut.

Gehen Sie nun fast in den U- und S-Bahnhof Landungsbrücken hinein, dann gleich links durch den kleinen Ausgang Richtung Helgo-

*Blick auf die Landungsbrücken von der Aussichtsplattform, die sich an der Stelle der ehemaligen Bastion Albertus befindet.*

länder Allee und dann sofort wieder rechts über die Treppe nach oben Richtung Jugendherberge auf dem Stintfang (1). Ursprünglich trug ein kleiner Abschnitt der Elbe den Namen Stintfang, der dann auf diese Erhöhung übertragen wurde. Heute gelten Elb-Stinte als Hochgenuss, damals waren sie ein Arme-Leute-Essen. Wenn Sie die erste Aussichtsplattform erreicht haben, sehen Sie rechts Weinstöcke, die der Stuttgarter Verkehrsverein gestiftet hat. Die Weintrauben können an dem sonnenbeschienenen Hang ausreifen und werden zu einem guten Tropfen weiterverarbeitet.

Nehmen Sie auch die nächsten Treppen nach oben direkt zur Jugendherberge, dann stehen Sie genau an der Stelle, an der die Bastion Albertus stand. Diese wichtige Stelle, von der sich die Stadt Hamburg zum Elbstrom hin präsentierte, musste besonders bewacht und geschützt werden, daher stellte man hier elf Kanonen auf. Zudem patrouillierten ständig Wachschiffe auf der Elbe. Die heutige Aussichtsplattform wurde vor 200 Jahren errichtet. Auf dem Platz der heutigen Jugendherberge stand von 1881 bis 1944 die Seewarte, die wegen ihrer vier quadratischen kleinen Türmchen, die aussahen wie die Füße eines Möbelstückes, auch „umgestülpte Kommode“ genannt wurde.

Nehmen Sie den Weg an der Jugendherberge links vorbei bis zur Kersten-Miles-Brücke, über die die Seewartenstraße führt. Unten verläuft die Helgoländer Allee, die im 19. Jahrhundert, als der Verkehr ständig zunahm, durch die Aufschüttung des Stadtgrabens entstand. Ebenso die Kersten-Miles-Brücke, die über den früheren Wallgraben führt und als Hauptverbindung zwischen der Innenstadt und der Vorstadt St. Pauli diente. Kersten Miles war Ende des 14. Jahrhunderts Bürgermeister in Hamburg. Seine Statue ziert mit denen von Simon von Utrecht, Ditmar Koel und Berend Karpfanger die Seiten der Brücke. Die Herren machten sich um den Schutz der Hamburger Seefahrt verdient. Bürgermeister Simon von Utrecht war verantwortlich dafür, dass die Piraten Störtebeker und Michels gefangen und geköpft wurden.

Überqueren Sie die Seewartenstraße und gehen geradeaus den Weg zur nächsten Station, dem Bismarck-Denkmal (2) von 1906 im Alten Elbpark. Wo heute das Denkmal steht, stand seit 1625 die erste Holländer-Kornwindmühle der Stadt, vorher hatte es nur Bockwindmühlen gegeben. Sie hatte fünf Flügel und wurde nach mehreren Bränden und Wiederaufbauten 1894 im Zuge der Wallveränderungen abgebrochen. Hier befand sich die Bastion Casparus, auf der 1806 eine Erfrischungsbude eröffnete, die zehn Jahre später zum viel besuchten Elb-Pavillon ausgebaut, aber schon vor 1870 abgebrochen wurde. Ein Nachfolgebau hielt sich bis 1901, dann lockten zahlreiche Vergnügungslokale im benachbarten St. Pauli die Gäste an. Die Bastion wurde 1890 bepflanzt und mit kleinen Pfaden durchzogen. Gesäumt wurden diese kleinen geschwungenen Wege von wunderschönen Blumen, Sträuchern und Sitzgelegenheiten. So entwickelten sich die Wälle und Bastionen zu beliebten Promenaden. Auf dem neu gestalteten Wall legte man ab 1819, im Zuge der Entfestigung, eine von Ulmen gesäumte Allee an. Nach den Plänen von Stadtingenieur Paridom Gottlob Heinrich sollte diese Allee ganz um die Stadt herumführen.

Das Gebiet des heutigen Stadtteils Neustadt, im Westen bis hin zum Norden der damaligen Stadt, war von van Valckenburgh neu erschlossenes Stadtgebiet, durch das die Stadtfläche um mehr als zwei Drittel wuchs. Mit der Errichtung der Wallanlagen sollte die Stadt jedoch nicht in erster Linie erweitert werden, es standen eher militärische Motive im Vordergrund. Die Valckenburgh'sche Festung wurde auch nicht mit der Kirche St. Nikolai als Mittelpunkt geplant. Die kreisrunde Stadtform entstand eher zufällig. Das zusätzliche, 112 Hektar große Gebiet war noch kaum bewohnt, stattdessen gab es hier einen alten Eichenwald und viele Anhöhen. Diese hätten einen Angriff von außen erleichtert und so integrierte van Valckenburgh sie in das zu befestigende Gebiet. Bis 1626 hatten hier die Reeper oder Seiler lange Bahnen, um ihre Taue und Seile herzustellen. Sie zogen nach dem Bau der Wallanlagen vor die Stadtbefestigung in das heutige St. Pauli, die damalige Vorstadt Hamburger Berg. Daran erinnern heute noch die Reeperbahn und die Seilerstraße. Während des Dreißigjährigen Krieges und auch danach siedelten sich viele Flüchtlinge im neuen Stadtgebiet an: Handwerker, Schiffer, Fuhrleute und Arbeiter. Sie bekamen einen eigenen Marktplatz, den Großneumarkt, sowie 1648 eine neue Kirche, die St.-Michaelis-Kirche. Nun hatte Hamburg fünf Kirchspiele, wie die Stadtteile bzw. Verwaltungsbezirke früher genannt wurden. Das neue Kirchspiel war bald der am dichtesten besiedelte Stadtteil. Die St.-Michaelis-Kirche steht nicht weit von hier entfernt hinter dem Bismarck-Denkmal. Dort befindet sich auch der Zeughausmarkt, der an das Zeughaus der Artillerie erinnert, das hier bis 1826 stand. Im Jahre 1642 waren im Zeughaus 128 Geschütze gelagert, auf den Wällen um die Stadt herum standen 167.

Zur Bewachung der Stadt standen zwei- bis dreitausend bezahlte Söldner zur Verfügung. Außerdem gab es die Bürgerwache, die bis 1806 bestand. 9.000 männliche Bürger bewachten abwechselnd den Hauptwall und besetzten im Falle eines Krieges sämtliche Wälle und Schanzen. Karikaturen der Bürgerwache zeigen, dass die als Soldaten „verkleideten“ Bürger nicht immer ganz bei der Sache waren und auch nicht sehr ernst genommen wurden.

📖 Gemeine Strafen erwarteten die Soldaten, die während ihres Wachdienstes eingeschlafen waren: Sie wurden von ihren Kameraden mit Ruten „ausgepeitscht“. Dazu stellten sich 100 Mann zu einer Gasse auf, durch die der „Schläfer“ laufen musste, in der Erwartung, den Denkzettel auf den Rücken geschrieben zu bekommen – ein „Spießrutenlauf“.

Gehen Sie nun am Denkmal vorbei und den Weg herunter Richtung Millerntordamm. Überqueren Sie rechts bei den Ampeln die Ludwig-Erhard-Straße, dann links den Holstenwall und gehen Sie zur nächsten Station, dem kleinen Häuschen mit den Säulen am Millerntordamm (3). Es gehört zur ehemaligen Torwache am Millerntor und wurde 1820 gebaut. Das Wachhäuschen wurde im Jahre 2004 von einem nur wenige Meter entfernten Standort hierher versetzt – und zwar in einem Stück. Das Museum für Hamburgische Geschichte

*Die Millerntorwache war Teil der Hamburger Stadtbefestigung. Im Hintergrund sieht man die nahe St.-Michaelis-Kirche.*

plant eine umfangreiche Ausstellung über die Entwicklung der Wallanlagen in der alten Torwache.

Zwischen der Bastion Casparus und der darauf folgenden Bastion Henricus befand sich ein Stadttor, das Millerntor, ehemals „Porta Milderadis“ genannt. Da man von hier aus in die Nachbarstadt Altona gelangte, wurde es auch als Altonaer Tor bezeichnet. 1621 war es als einfacher Holzbau errichtet worden, eine Zugbrücke führte über den Stadtgraben. 1659 wurde ein Steintor gebaut, wenige Jahre danach erhielt es einen Turm. Die Brücke wurde 1804 entfernt, das Tor zwei Jahre später. Die Torsperre blieb allerdings bestehen, zum Ärger der Altonaer und Hamburger, die abends vor verschlossenen Türen standen und für mitgebrachte Waren aus Altona Abgaben zahlen mussten. Torschluss war um halb elf. Über der Sperrbude hing eine große Glocke, die die Torsperre bekannt gab. Wer zu spät kam, musste eine Extra-Steuer von vier Schilling bezahlen, noch später erhöhte sich der Betrag entsprechend. Einige hatten regelrecht Panik, es nicht mehr rechtzeitig bis zur Schließung der Tore zu schaffen – „Torschlusspanik“. Die Torsperre wurde erst Silvester 1860 aufgehoben. Statt des Tores zog man einen Damm durch den Stadtgraben, den Millerntordamm.

Die Großen Wallanlagen (4), die nächste Station, werden eingerahmt vom Holstenwall, den Sie gerade überquert haben, und der Glacischaussee von 1821, die in die Straße Holstenglacis führt. „Glacis“ bezeichnete eine Erdaufschüttung, die vom Wall her abfallend auf

*Auf dem Heiligengeistfeld absolvierte das Bürgermilitär Übungen. Heute finden hier Großveranstaltungen wie der „Hamburger Dom“ statt.*

ein freies Feld verlief. Es gab keinen toten Winkel, die Sicht auf das Schussfeld war frei. Heute befindet sich neben der Glacischaussee das Heiligengeistfeld, ehemals Weideland des Heiligengeist-Hospitals. Auch das Bürgermilitär nutzte das freie Feld für Übungen. Auf dem großen Platz findet dreimal im Jahr der „Hamburger Dom“ statt, dessen Wurzeln bis ins Jahr 1329 reichen.

Vom Millerntordamm gelangen Sie durch die Pforte in einen der schönsten Parks dieser Stadt, „Planten un Blomen“, der aus den Großen und Kleinen Wallanlagen, dem Alten Botanischen Garten und dem Teil Planten un Blomen besteht. Nehmen Sie den rechten Weg, der die Wasserfläche umrundet und am Museum für Hamburgische Geschichte vorbeiführt. Das 1923 eröffnete Museum steht auf dem Platz der ehemaligen Bastion Henricus. Die Winkelform der Bastion gab den Grundriss des Museumsbaus vor. Um die Geschichte und die Entwicklung der Stadt Hamburg im Museum zu studieren, sollten Sie sich ausreichend Zeit nehmen. Und wenn Sie vom vielen Schauen und Gehen erschöpft sind, stärken Sie sich mit einem kleinen Imbiss im „Café Fees“, das sich im Museum befindet.

☞ Museum für Hamburgische Geschichte
Holstenwall 24
Telefon. 040-42 81 32·23 80
Di.-Sa. 10-17 Uhr, So. 10-18 Uhr

Von 1825 bis 1912 stand an der Stelle des Museums die erste Sternwarte Hamburgs. Johann Georg Repsold stattete sie mit seinen eigenen Instrumenten aus, nachdem er vorher schon auf der Bastion Albertus ein Holzhaus mit Schiebedach errichtet hatte, um den nächtlichen Sternenhimmel zu betrachten. Später war Repsold Oberspritzenmeister von Hamburg und Organisator der Artillerie für die Festungswerke. Sein Denkmal steht heute in der Nähe des Museums für Hamburgische Geschichte.

Lassen Sie nun das Museum rechts liegen und nehmen beim rechts gelegenen Ausgang den Weg nach links, der durch das Renaissance-Portal eines Altstadthauses von 1617 führt. Folgen Sie dem Weg bis zur Rollschuh- bzw. Kunsteisbahn. Auch die Gebiete und Straßen östlich der Großen Wallanlagen haben einen Bezug zur ehemaligen Stadtbefestigung: Die Straße, die den Verlauf des Walls wiedergibt, heißt Holstenwall, nach dem nahe gelegenen Holstentor, das wiederum nach dem Volksstamm der Holsten oder Holsaten benannt wurde. Parallel zum Holstenwall verläuft die Straße Hütten. In dieser Straße am inneren Festungsring standen kleine Häuser – Hütten –, in denen Soldaten wohnten. Westlich der heutigen Straßen lagen die Bastionen Henricus und Eberhardus.

In den vergangenen Jahrhunderten veränderten sich die Wallanlagen immer wieder: Dienten sie zunächst als Befestigungswerke, richtete man später Erholungs- und Vergnügungsstätten ein, Veran-

*Ein aus Blumen gestalteter Pfau steht gegenüber dem Oberlandesgericht zwischen den Brücken 546 und 545. Im Hintergrund sieht man das Ziviljustizgebäude.*

staltungen und Ausstellungen lockten die Massen an. Später wurden Teile der Wallanlagen zu Hauptverkehrsstraßen. Heute gibt es hier einen Wasserspielplatz, eine Töpferei, einen Schachgarten, ein Kindertheater, einen Minigolfplatz und ein Trampolin sowie einige Kioske und Cafés.

Die nächste Station ist die ehemalige Bastion Eberhardus, die es nicht mehr im Original gibt. Dort befindet sich jetzt die Rollschuhbahn, die im Winter zur Kunsteisbahn umfunktioniert wird. Vor den Bastionen und Wällen lagen tiefe Gräben, die fast 70 Meter breit waren und in denen Dornenhecken gepflanzt wurden, weil sie Feinde effektiver abhielten als Palisaden. Die Bastionen waren sehr groß, auf jeder dritten befanden sich ein Wachhaus und Geschütze. Damit die Soldaten im Falle eines Angriffs sofort zurückschießen konnten, hingen an Masten neben den Geschützen Körbe mit brennenden Lunten, und die Soldaten mussten aufpassen, dass diese nie ausgingen.

Vorbei an der Kunsteis- bzw. Rollschuhbahn geht es in Richtung Ziviljustizgebäude, das an Stelle der Bastion Joachimus errichtet wurde. An dieser Bastion gab es damals ein kleines Wasserbecken, da das Wasser durch die Aufschüttung des Walles nicht abfließen konnte. Die Bezeichnung Pilatuspool (die Verlängerung der Straße Hütten) und der Name der benachbarten Poolstraße sind darauf zurückzuführen.

Zwei Fußgängerstege führen nun unter der Straßenbrücke mit der Nummer 546 hindurch ins Gerichtsviertel am Sievekingplatz (5). Der Platz, der im Zuge der Umgestaltung der Wallanlagen zwischen 1879 und 1912 entstand, wurde 1911 nach dem ehemaligen Präsidenten des Oberlandesgerichts, Dr. Friedrich Sieveking, benannt. Hier befinden sich das Oberlandesgericht in der Mitte, das Ziviljustizgebäude links davon und das Strafjustizgebäude mit der angrenzenden Untersuchungshaftanstalt rechts.

Auf der Rasenfläche vor dem Oberlandesgericht stand fast 20 Jahre lang ein Pfau, ganz aus Pflanzen und Blumen gestaltet. Heute steht eine verkleinerte Version gegenüber dem Oberlandesgericht zwischen den Brücken 546 und 545. Wenn Sie nun die Brücke Nr. 545 unterqueren, kommen Sie in die Kleinen Wallanlagen. Die Wassertreppe vor Ihnen befindet sich auf einer zwölf Meter dicken Trümmerschicht aus dem Zweiten Weltkrieg. Gehen Sie rechts daran vorbei und weiter durch die Kleinen Wallanlagen (6).

Die Straße östlich der Kleinen Wallanlagen ist der Gorch-Fock-Wall, benannt nach dem Finkenwerder Schriftsteller, der mit bürgerlichem Namen Johann bzw. Hans Kinau hieß. Seinen größten Erfolg hatte er 1913 mit dem Seefahrer-Roman „Seefahrt ist not!“ Westlich stehen das Strafjustizgebäude, die Untersuchungshaftanstalt und die Physikalischen Institute der Universität Hamburg.

Ganz in der Nähe, jedoch nicht entlang dieser Strecke, befinden sich die Sternschanze, die Schanzen- und die Sternstraße. Heute ein In-Viertel, stand die Sternschanze Ende des 17. Jahrhunderts in der ersten Verteidigungslinie. Da die Geschütze immer weiter entwickelt wurden und damit auch eine bessere Reichweite hatten, musste weit vor den Wallanlagen ein Verteidigungswerk errichtet werden, das die Gegner schon beim Anmarsch vor der Stadt behinderte. Ihren Namen erhielt die Sternschanze von dem sternförmigen Umriss. Solche „vorgeschobenen Werke“ gab es nicht nur im Westen, sondern auch im Norden – das Neue Werk – und im Osten – die Landwehr. Die Sternschanze war über einen Laufgraben mit dem Ravelin Carolus verbunden, der zwischen den Bastionen Ulricus (heute Kleine Wallanlagen) und Rudolphus lag. Auf dem Weg zur Sternschanze kam man an den 1794 von den Hauptkirchen eingerichteten und bis 1879 bestehenden Begräbnisplätzen vorbei. Die Straße Bei den Kirchhöfen, die Verlängerung des Holstenglacis, erinnert noch daran. Die Sternschanze wurde Anfang des 19. Jahrhunderts eingeebnet und während der französischen Besetzung unter Napoleon wieder hergestellt. Heute befinden sich dort der Sternschanzen-Bahnhof und -Park.

Bevor Sie der abschüssige Weg in den Kleinen Wallanlagen unter der Brücke Nr. 547 hindurchführt, passieren Sie ein Mosaik-Kunst-

*Das Hamburgische Oberlandesgericht am Sievekingplatz.*

*Für das Mosaik-Kunstwerk in den Kleinen Wallanlagen verwendeten die Künstler und Handwerker Natur- und Glassteine.*

werk. Mehr als 10.000 Steine wurden in den Boden hineingearbeitet. Hinter der Brücke kommen Sie in den Alten Botanischen Garten (7). Beim Abbau der Wallanlagen sollten nicht nur Parkanlagen entstehen, sondern auch Einrichtungen, die der Bildung und Wissenschaft dienten: Bei einem geruhsamen Spaziergang wurde Wissen vermittelt. In den Alten Botanischen Garten wurden die Überreste des ehemaligen Wallgrabens integriert. Der Graben befindet sich genau vor Ihnen, sehen können Sie ihn allerdings nur, wenn die dichten Blätter den Blick freigeben. Der ehemals in Zacken um die Stadt verlaufende Stadtgraben schlängelte sich um die prächtigen Parkanlagen, die frühere Form ist heute noch zu erkennen.

Nehmen Sie nun die Treppen rechts zwischen zwei Wasser speienden Mauern, die anlässlich der Internationalen Gartenbauausstellung 1963 errichtet wurden, hindurch. Vom Weg links können Sie den alten Stadtgraben sehen, an dem der Rundgang weiter entlangführt. Nehmen Sie beim rechts gelegenen Ausgang den linken Weg und gehen am Stadtgraben entlang zur nächsten Brücke, an der sich die Bastion Rudolphus erhob. Rechts im Beet sehen Sie einen Stein mit einer Gedenktafel für Johan van Valckenburgh, den Erbauer des Festungsringes. Auch die Brücke, die über den alten Wallgraben führt, trägt seinen Namen.

Eine kleine Treppe rechts hinter dem Stein führt zu einem kleinen Aussichtspunkt, von dem Sie einen guten Blick auf den vor Ihnen liegenden Stadtgraben haben. Beim Bau der Wallanlagen war jeder Bürger verpflichtet, einmal in der Woche Schanzarbeiten, die auch als Handdienst bezeichnet wurden, zu verrichten. Täglich außer sonntags waren etwa 1.000 Mann beschäftigt. Wer nicht wollte oder konnte, musste eine „Ablöse“ von acht Schillingen bezahlen, „Unvermögende“ hatten zwei Schillinge zu zahlen. Das Arbeitspensum einer Kompanie in einer Woche war festgelegt: zwei Ruthen (9 Meter) Länge und Breite sowie 4 Fuß (1 Meter) tief musste Erde aus dem Graben auf den Wall gebracht werden, bis er eine Höhe von acht bis neuen Metern erreicht hatte. Die Erde wurde dann verteilt, festgetreten und eingeebnet.

Sobald Sie die Johan-van-Valckenburgh-Brücke überqueren, sehen Sie links die Mittelmeerterrassen, die zum Verweilen und Entspannen einladen. Besonders im Sommer ist die Pflanzenwelt eine Pracht. Die dahinter liegenden Schaugewächshäuser des Botanischen Gartens der Universität Hamburg stammen wie die Mittelmeerterrassen von der Internationalen Gartenbauausstellung 1963 und entführen die Besucher in einen Regenwald.

*Eine Gedenktafel auf einem Stein erinnert an den Erbauer der Wallanlagen, Johan van Valckenburgh.*

☞ Schaugewächshäuser des Alten Botanischen Gartens der Universität Hamburg
Die einzelnen Häuser (Tropenhaus, Subtropenhaus, Farnhaus, Kakteenhaus) zeigen von März bis Oktober die unterschiedlichsten Pflanzen wie Farne, Palmen, Kakaopflanzen und Kakteen aus vielen Gebieten der Erde.
März bis Oktober: werktags 9-16.45 Uhr; Sa., So., feiertags 10-17.45 Uhr
November bis Februar: werktags 9-15.45 Uhr; Sa., So., feiertags: 10-15.45 Uhr
Eintritt frei

Gehen Sie nun von der Brücke kommend die Treppen hoch und folgen dem Weg nach links, dann nach rechts vorbei an den für einen Wasserfall arrangierten Steinen. Kurz vor dem Ausgang zum Congress Centrum steht eine riesige alte Platane. Eine Tafel erinnert an den Begründer und ersten Direktor des Alten Botanischen Gartens, Professor Johann Lehmann, der auch die Platane pflanzte.

Das Congress Centrum befindet sich direkt am S- und Fernbahnhof Dammtor. Van Valckenburgh reduzierte beim Bau des Festungsringes

*Blick von der Johan-van-Valckenburgh-Brücke auf die Mittelmeerterrassen und die Schaugewächshäuser des Botanischen Gartens.*

die Zahl der Stadttore, weil sie Schwachpunkte der Befestigungsanlage bedeuteten. Im Westen gab es das Millerntor, im Hafen das Brook- und das Sandtor, im Osten das Deich- und das Steintor und im Norden ein Tor, das den schon vorhandenen Namen Dammtor erhielt. Mit dessen Bau wurde 1622 begonnen, dann befand es sich zwischen den Bastionen Rudolphus und Petrus und führte in Richtung Harvestehude. Das Tor konnte mit einer Zugbrücke, die von einem Ratszimmermeister namens Henrici gebaut wurde, geschlossen werden. 1817 wurde es abgebrochen und durch Eisenpforten ersetzt. Ein Wach- und ein Akzisehäuschen standen rechts bzw. links der Straße. Akzise, d.h. Zoll, musste jeder zahlen, der in die Stadt hinein wollte.

Der Rundgang folgt weiter dem Verlauf der alten Wallanlage, daher hier nur eine kurze Beschreibung von Planten und Blomen.

**Abstecher zu Planten un Blomen**

Der Park Planten un Blomen, der seit 1973 mit dem Alten Botanischen Garten verbunden ist, befindet sich seit 1935 auf dem Gelände des ehemaligen Zoologischen Gartens, der in den 1860er-Jahren entstand und dessen erster Direktor Alfred Brehm (1829-1884), der Autor von „Brehms Tierleben“, war. Im Zoologischen Garten wurden Tiere aus fremden Ländern gezeigt, die Kapitäne und Kaufleute von ihren Reisen ins Ausland mitbrachten. 1907 eröffnete Carl Hagenbeck in Stellingen seinen Tierpark mit Freigehegen, daraufhin musste der Zoologische Garten 1930 schließen. Die „Tiergartenstraße“ im Norden des Parks erinnert an vergangene Zeiten.

1953 fand die Internationale Gartenbauausstellung (IGA) in Planten un Blomen statt, zu der die englische Königin Elizabeth II. zwei Höckerschwanenpaare für die Schwanengruppe auf der Alster als Geschenk mitbrachte. 1963 und 1973 wurde die IGA auf die Großen und Kleinen Wallanlagen und in den Alten Botanischen Garten ausgedehnt. Bei der IGA 1963 konnten die Besucher mit einer Gondelbahn über das Gelände „fliegen“. Bereits bei einem Vorläufer der IGA, der 1889 stattfindenden „Hamburgischen Gewerbe- und Industrie-Ausstellung“ zwischen Holsten- und Millerntor, hatten die Gäste Gelegenheit, mit einem Fesselballon 600 Meter hoch in die Lüfte zu steigen. 1897 folgte die Allgemeine Gartenbauausstellung, die nördlich des ehemaligen Millerntors stattfand.

Das Teehaus im Japanischen Garten ist von Mai bis September geöffnet (dienstags bis samstags von 15-18 Uhr) und bietet an verschiedenen Sonntagen einen Einblick in die traditionelle Teezeremonie. Am Ende des Messegangs in Planten un Blomen befindet sich der wohl größte Spielplatz von Hamburg, der für seine „Bullerberge" berühmt ist. Wenige Meter weiter auf dem Parksee finden im Sommer Modellregatten statt und die bekannten Wasserlichtspiele: Wasserspiele werden in schillernden Farben angestrahlt, dazu spielt passende Musik. Auch der Musikpavillon bietet ein abwechslungsreiches Programm. Wenn Sie sich mehr für Pflanzen interessieren, können Sie an den Führungen im Apothekergarten teilnehmen, die einmal im Monat stattfinden, oder den Rosengarten besuchen. Genaue Zeiten und Orte können Sie dem Veranstaltungsblatt entnehmen, das in den Schaukästen am Park aushängt und an verschiedenen Orten in der Innenstadt ausliegt. Der Eintritt ist frei.

Gehen Sie von der Platane kommend den Weg weiter an den hohen Sumpfzypressen vorbei durch den Japanischen Landschaftsgarten, halten Sie sich rechts und überqueren Sie eine der schönen kleinen

*Das Teehaus im Japanischen Garten im Park Planten un Blomen.*

*Durch die Mauer fällt der Blick zurück auf den Stadtgraben mit der Johan-van-Valckenburgh-Brücke.*

Holzbrücken, bis Sie den Hauptweg erreichen, in den Sie links einbiegen. Kurz vor dem Ausgang halten Sie sich rechts, bis Sie ans Ende des Stadtgrabens gelangen. Am Ausgang Stephansplatz können Sie noch einen Blick zurück auf den alten Wallgraben werfen und sich vorstellen, wie es hier zu Zeiten der Befestigungsanlage ausgesehen haben mag.

Bevor Sie den Stephansplatz (8) bei der Ampel zur Esplanade überqueren, sehen Sie links zwei Denkmäler: Der so genannte „Kriegsklotz“, ein von Richard Kuöhl entworfenes und 1936 aufgestelltes 76er-Ehrenmal, war nicht unumstritten. Man kritisierte den militärischen Charakter des Denkmals mit den marschierenden Soldaten, der durch die Worte „Deutschland muß leben, und wenn wir sterben müssen“ noch unterstrichen wird. 1985 wurde ein Gegendenkmal von Alfred Hrdlicka eingeweiht.

Die heutige Esplanade (9), durch die der Rundgang nun führt, verläuft da, wo die Bastionen Petrus und Didericus standen. Sie wurde 1827 als Promenade mit vier Baumreihen angelegt, nachdem der Wall eingeebnet war. Als Esplanade bezeichnet man ein freies Feld zwischen Befestigung und Stadt. Für die Straße wurde die Bezeichnung dann übernommen. Von der einstigen klassizistischen Prachtstraße ist einzig das Haus Nr. 37 auf der linken Straßenseite erhalten geblieben.

*Die Esplanade folgt dem Verlauf des ehemaligen Walles.*

Überqueren Sie nun die Esplanade und den Neuen Jungfernstieg bei den Ampeln. Die Erde, die beim Entfernen des Festungsringes abgetragen wurde, benutzte man, um die Straße Neuer Jungfernstieg aufzuwerfen. Weiter geht es nun über die Lombardsbrücke (10). Die beiden im Flussbett der Alster gelegenen Bastionen Didericus und David verband zuerst ein Damm mit einer etwa 30 Meter großen Durchfahrt, über die ein Holzsteg führte. Der Damm teilte die Alster, das Gewässer innerhalb der Stadtmauern nannte man Binnenalster und der Alstersee außerhalb des Festungsgürtels hieß Außenalster. Vor dem Damm wurden Holzpfähle in den Alstergrund geschlagen, vor einem Durchlass schwamm ein Baum – der „Alsterbaum", der bei Bedarf entfernt werden konnte. Die Lombardsbrücke mit den drei Bögen aus Stein wurde bis 1866 fertig gestellt. 1900 musste die Brücke für den Eisenbahnverkehr erweitert werden, 1953 machte der aufkommende Autoverkehr den Bau der parallel verlaufenden Kennedybrücke notwendig.

Nach der Brücke gehen Sie weiter in Richtung Galerie der Gegenwart und Kunsthalle. Die Eisenbahngleise dahinter in Richtung Hauptbahnhof bzw. Altona verlaufen direkt im alten Stadtgraben. Vor der Galerie der Gegenwart verläuft die Straße Ferdinandstor (11) deren Name von der Schanze Ferdinandus abgeleitet ist. Die Ferdinandsschanze lag in der Außenalster und war dem eigentlichen Festungsring vorgelagert. Sie wurde wohl nach Kaiser Ferdinand III.

benannt, der um 1650 auf dem Thron saß. Die Kunsthäuser wurden auf die ehemals hier gelegene Bastion Vincent gebaut. Nachdem diese nicht mehr benötigt wurde, verwandelte man sie in die Alsteranhöhe, die sich zu einem beliebten Ausflugsort entwickelte. Die Wallanlagen beeindruckten nicht nur als Befestigung, sondern auch als Parklandschaft durch ihre Weitläufigkeit und großzügige Gestaltung.

Überqueren Sie jetzt den Ballindamm. Der Glockengießerwall (12), in dem Sie sich nun befinden, führte an einer 1549 gegründeten, an der Spitaler Straße gelegenen und 1870 abgebrochenen Glockengießerei vorbei. Hier wurden nicht nur Glocken hergestellt, sondern auch Geschütze zur Verteidigung der Stadt, die auf den Bastionen standen.

Links sehen Sie den Kubusbau der Galerie der Gegenwart, die 1997 eröffnet wurde. Mit der Galerie der Gegenwart beginnt die Kunstmeile mit verschiedensten Kunsthäusern auf einer Länge von mehreren hundert Metern. Damit sind Sie am Ende des Rundgangs angelangt. Um noch einmal alles auf sich wirken zu lassen oder die Tour in Gedanken noch einmal durchzugehen, verweilen Sie doch bei einer kleinen Mahlzeit und einem erfrischenden Getränk im Bistro der Galerie der Gegenwart oder im Café Liebermann in der Kunsthalle, beide sind Dienstag bis Sonntag ab 10 Uhr geöffnet.

*Die Alster wurde durch den Festungsgürtel in Binnen- und Außenalster geteilt. An Stelle der Bastionen Didericus und David verläuft heute die Lombardsbrücke.*

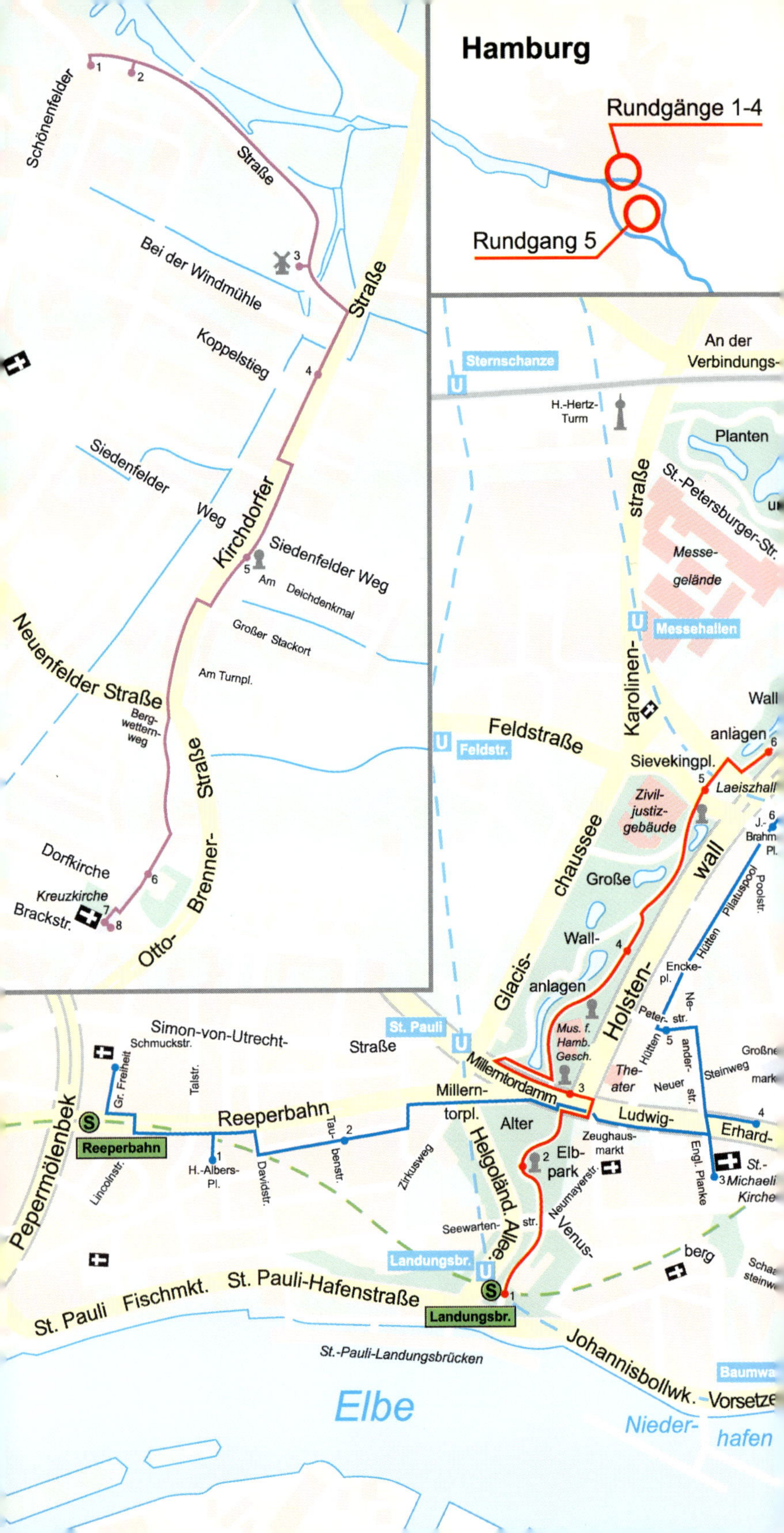
Hamburg
Rundgänge 1-4
Rundgang 5
Schönenfelder
Straße
Bei der Windmühle
Koppelstieg
Straße
Siedenfelder
Weg
Kirchdorfer
Siedenfelder Weg
Am Deichdenkmal
Großer Stackort
Am Turnpl.
Neuenfelder Straße
Berg-wettern-weg
Straße
Brenner-
Otto-
Dorfkirche
Kreuzkirche
Brackstr.
Sternschanze
An der Verbindungs-
H.-Hertz-Turm
Planten
St.-Petersburger-Str.
Messe-gelände
Messehallen
Karolinen-straße
Wall
anlagen
Feldstraße
Feldstr.
Sievekingpl.
Laeiszhall
Zivil-justiz-gebäude
J.-Brahm Pl.
chaussee
Glacis-
Große
Wall-
anlagen
wall
Holsten-
Pilatuspool
Poolstr.
Hütten
Encke-pl.
Peter-str.
Ne-ander-str.
Hütten
Mus. f. Hamb. Gesch.
The-ater
Neuer
Steinweg
Großne
mark
St. Pauli
Simon-von-Utrecht-
Straße
Schmuckstr.
Gr. Freiheit
Talstr.
Reeperbahn
Pepermölenbek
Reeperbahn
Millerntordamm
Millern-torpl.
Alter
Elb-park
Ludwig-
Erhard-
Zeughaus-markt
H.-Albers-Pl.
Davidstr.
Tau-benstr.
Zirkusweg
Lincolnstr.
Helgoländ. Allee
Neumayerstr.
Engl. Planke
St.-Michaeli Kirche
Seewarten-str.
Venus-
berg
Schaa steinw
Landungsbr.
St. Pauli Fischmkt.
St. Pauli-Hafenstraße
Landungsbr.
Johannisbollwk.
Vorsetze
St.-Pauli-Landungsbrücken
Baumwa
Elbe
Nieder-
hafen

Rundgang 1: Bierbrauer im alten Hamburg

Rundgang 2: Die Hamburger Wallanlagen

Rundgang 3: Über und unter Hamburgs Brücken

Rundgang 4: Musikszene durch die Jahrhunderte

Rundgang 5: Quer durch Wilhelmsburg

Maßstabsleiste für beide Karten 0 100 200 300 400 500m

*Erzbischof Bezelin Alebrand ließ Mitte des 11. Jahrhunderts einen runden Wohnturm aus Stein errichten, dessen Fundament bei Bauarbeiten 1962 entdeckt wurde. Der Eingang zum Schauraum im Gemeindehaus St. Petri befindet sich in der Kreuslerstraße 4.*

*Der amtliche Brauereispruch der Gröninger Brauerei, der ältesten Braustätte Hamburgs.*

*Eine Sitzgelegenheit im „Gröninger Braukeller" in der Ost-West-Straße 47.*

*Eine Mauer mit der alten Straßenbezeichnung „Alte Gröningerstraße“.*

*Der Balkenspruch am Haus Reimerstwiete 21 erzählt auch von der Geschichte des Hauses.*

*Im Haus Deichstraße 45 bekommt man die „Hamburger Fleetbrause“.*

*Die Winden an den Giebeln und eine große Luke auf jedem Boden sind typisch für Hamburger Speicherhäuser.*

*Die große Diele im „Alt-Hamburger Bürgerhaus" mit der Luke in der Decke, durch die die Güter vom Speicher in die Diele gelassen wurden.*

*Der Vierländerin-Brunnen auf dem Hopfenmarkt von Engelbert Pfeiffer stand ab 1878 auf dem Meßberg und seit 1975 an diesem Platz. Er ist den Bewohnern der Vierlande gewidmet, einem Gebiet an der Elbe, in dem hauptsächlich Obst und Gemüse für den Markt angebaut wurden. Man fragte damals scherzhaft, welcher Markt denn der größte der Welt sei: „Der Meßberg, denn es sind vier Länder drauf!"*

*Die Kersten-Miles-Brücke mit dem Standbild von Simon von Utrecht führt über den alten Stadtgraben.*

*Das Ziviljustizgebäude steht da, wo im 17. Jahrhundert die Bastion Joachimus errichtet worden war.*

*Die Wassertreppe in den Kleinen Wallanlagen.*

*Diese Mauer mit einem interessanten Wasserspiel befindet sich beim alten Stadtgraben.*

*Blick von der Johan-van-Valckenburgh-Brücke auf den alten Stadtgraben.*

*Eine Tafel an einer Platane im Alten Botanischen Garten erinnert an den Begründer des Botanischen Gartens.*

*Die Zollenbrücke bei Niedrigwasser. Treppen führen von der Brücke ans Wasser, dort konnten die Ewer, also die Lastkähne von den Elbinseln oder den Vier- und Marschlanden mit Obst, Gemüse oder Milch, festgemacht und entladen werden.*

*Der Platz „Bei der Alten Börse“ und das Nikolaifleet bei Ebbe.*

*Ein originaler Pfeiler des Dammes am Jungfernstieg aus dem 13. Jahrhundert. Heute steht der künstlerisch gestaltete Pfeiler im U-Bahnhof Jungfernstieg, genau an der Fundstelle.*

*Die Schleusenbrücke an der Kleinen Alster, die vorne zu sehen ist. In die rechte Schleusenkammer unter der Brücke ist gerade ein Alsterschiff gefahren.*

*Die heutige Adolphsbrücke mit dem schönen Geländer wurde 1845 fertig gestellt und nach Graf Adolph IV. von Schauenburg benannt. Der Widderkopf ist Teil des Laternenpfahls.*

*Sehenswerte Details der Heiligengeistbrücke sind die Spinnen in ihren Netzen.*

*Den Schlussstein der Heiligengeistbrücke ziert das Hamburger Wappen.*

*Viele Menschen versammelten sich, um den „Rattenzirkus“ unter der Stadthausbrücke zu sehen. Angelockt von den vielen Abfällen und dem Unrat, der in die Fleete geworfen wurde, tummelten sich bei Ebbe unzählige Ratten im Schlamm. Zu allem Übel wurden die Ratten von den Schaulustigen auch noch gefüttert.*

*Der Name der Slamatjenbrücke war schon Mitte des 17. Jahrhunderts bekannt, die Bedeutung ist jedoch nicht eindeutig geklärt. Slam (=Slum) heißt unsauber, Matjen heißt Mädchen.*

*Den namengebenden Ratsherren der Herrengrabenbrücke war es erlaubt, so eine Deutung, Fische aus dem Graben zu angeln und die anliegenden Gärten zu nutzen.*

*Die Niederbaumbrücke mit dem Hanseatic Trade Center im Hintergrund.*

*Die Michaelisbrücke, über die einst eine wichtige Handelsstraße verlief, ist heute eine Fußgängerbrücke.*

*Das Hans-Albers-Denkmal auf dem gleichnamigen Platz erinnert an den „blonden Hans" aus St. Georg.*

*Im Panoptikum am Spielbudenplatz trifft man Hans Albers, ganz aus Wachs.*

*Ralph Arthur Roberts schrieb das Lied „Auf der Reeperbahn nachts um halb eins". Auch er ist im Panoptikum verewigt.*

*Der Gedenkstein für die Komponisten Telemann, Bach und Brahms befindet sich in der St. Michaeliskirche.*

*Das Gruftgewölbe der St. Michaeliskirche zählt zu den größten in Europa, es hat 261 Grabkammern. Im 18. Jahrhundert wurden in die Grabkammern bis zu drei Särge übereinander gestellt und für 15 Jahre „vermietet“, um die Baukosten zu decken.*

*Die Gedenksteine für den Komponisten Felix Mendelssohn-Bartholdy und seine Schwester Fanny Hensel stehen am Geschwister-Mendelssohn-Stieg.*

*In der Peterstraße befindet sich das Johannes-Brahms-Museum.*

*Die Laeiszhalle gehört zu den beliebtesten Veranstaltungsorten Hamburgs.*

*Häuser im Bäckerbreitergang, dem ehemaligen Gängeviertel. Hier wohnten die Eltern des Komponisten Johannes Brahms.*

*Etwas versteckt in der Caffamacherreihe befindet sich ein Gedenkstein für Johannes Brahms, auf dem auch sein Geburtshaus dargestellt ist.*

*Die Gedenktafel für den Komponisten Gustav Mahler hängt an der Hamburgischen Staatsoper.*

*Das Deichdenkmal erinnert an die erste Eindeichung in Wilhelmsburg im Jahre 1333. Im Hintergrund sieht man die weißen Stelen des Ehrenmals zum Gedenken an die Sturmflut von 1962.*

*Den alten Burggraben, der im 17. Jahrhundert das Schloss der Groten schützte, gibt es auch heute noch. Er umfließt das Amtshaus von Wilhelmsburg.*

*Ein Stich des Stillhorner Schlosses der Groten von Merian aus dem Jahre 1654 hängt im Eingang des Wilhelmsburger Museums im Amtshaus. Hier erkennt man auch den Burggraben, über den eine Brücke führte.*

*Meist wurde ein Hund vor die Milchkarre geschnallt, von hinten schob der Melker. Viele Haken an den Wagen und Karren ermöglichten das Mitnehmen von Eimern und kleinen Tonnen. Dickmilch oder Butter wurden im Klappkasten auf der Karre verstaut. Auf dem Deckel ist der Name des Besitzers zu lesen: Johs. Clasen.*

*Der mit biblischen Sprüchen verzierte kupferne Sarg von Thomas Grote ist heute leer. Als er nach dem Zweiten Weltkrieg in der Gruft einer Harburger Kirche gefunden wurde, befand sich darin noch ein hölzerner Sarg, der mit den sterblichen Überresten Grotes auf dem Friedhof in Harburg beigesetzt wurde. Die äußere Hülle kam in den Keller des Museums auf der Elbinsel.*

*Bis 1975 war nur ein Drittel des Kellergewölbes im Museum begehbar, der Rest war zugemauert. Zwei Mitglieder des Vereins für Heimatkunde trugen die Wand ab und räumten den Schutt aus dem Raum. An den unterschiedlichen Färbungen der Fußbodensteine können Sie sehen, wo die Mauer war.*

*Die Stammtafel der Wilhelmsburger Milcherfamilie Clasen reicht bis ins Jahr 1675 zurück.*

*Die Tracht der Milchhöker bestand aus einer schwarzen Hose, deren Beine in langen Strümpfen steckten. Darüber wurde eine weiße Hose (Pumpbüx) gezogen, weil darauf die Milchflecken nicht auffielen. Sie wurde von Hosenträgern gehalten, die mit Perlen bestickt waren. Über dem weißen Hemd trug der Milchhöker eine bunte Weste, auf dem Kopf einen Zylinder.*

# Über und unter Hamburgs Brücken

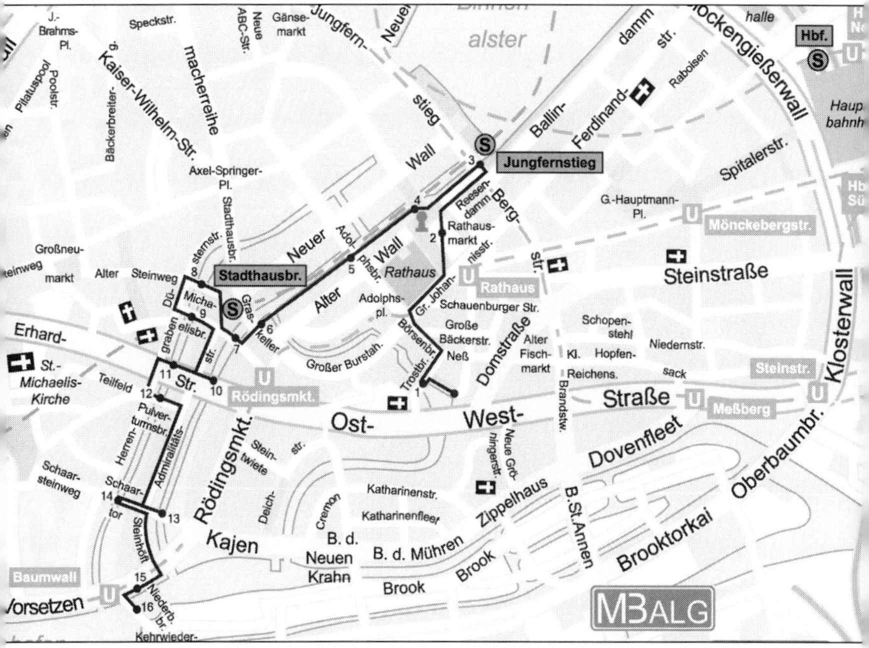


*Ausgangspunkt:* Zollenbrücke
*Dauer:* 1,5 Stunden
*Stationen:* Trostbrücke (1), Rathausmarkt (2), Reesendammbrücke (3), Schleusenbrücke (4), Adolphsbrücke (5), Graskellerbrücke (6), Heiligengeistbrücke (7), Ellerntorsbrücke (8), Michaelisbrücke (9), Slamatjenbrücke (10), Herrengrabenbrücke (11), Pulverturmsbrücke (12), Schaartor-Brücke (13), Schaarsteinwegsbrücke (14), Baumwall (15), Niederbaumbrücke (16)

Das Gebiet der heutigen Stadt Hamburg war einstmals ein sumpfiges Marschgebiet. Die Menschen siedelten sich zuerst auf den Anhöhen an. Die Alster schlängelte sich von Norden her durch die vorhandenen Gräben, an Hindernissen und Anhöhen vorbei, bis in die Elbe. Den Alstersee in der Innenstadt gab es bis Mitte des 13. Jahrhunderts nicht. Wasser hatte eine große Bedeutung für Hamburg, seine Vorzüge erkannten schon die ersten Bewohner des Gebietes. Das lebensnotwendige Nass – damals noch in Trinkqualität – wurde einerseits für den alltäglichen Bedarf verwendet, andererseits erleichterte es den Transport von Gütern. Der natürliche Flusslauf der Alster wurde im Laufe der Jahrhunderte gelenkt und es entstanden die Fleete, die die Innenstadt durchziehen. Nun konnte man Waren mit kleinen Booten direkt zu den Häusern bzw. Speichern bringen. Die Architektur der Häuser wurde dem Wasser angepasst: viele wurden auf Baumstämmen gebaut, die viele Meter tief in die sumpfige Erde gerammt wurden, damit sie nicht versanken und um einen unmittelbaren Wasserzugang zu haben. Viele der als Entwässerungsgräben angelegten Wasserstraßen wurden im Laufe der Zeit zugeschüttet, weil mit zunehmendem Pkw- und Lkw-Verkehr mehr Straßen gebraucht wurden. Zudem musste der Trümmerschutt aus den Weltkriegen entsorgt werden und nicht zuletzt gewann die Stadt damit Platz für neuen Wohnraum.

Ohne Brücken werden von Wasser durchzogene Gebiete getrennt. Daher braucht eine Stadt wie Hamburg Brücken, die die einzelnen Teile miteinander verbinden.

Der Rundgang beginnt an der ältesten Brücke Hamburgs, der Zollenbrücke, die von 1633 stammt. Ihre Geschichte begann schon vor 1246, denn in dem Jahr wurde sie erstmals erwähnt. Sie befindet sich zwischen der Ost-West-Straße (ab Dezember 2005 Willy-Brandt-Straße) und dem Platz Bei der Alten Börse. Die Brücke trug bereits verschiedene Namen: Brücke bei der Waage und Krahnbrücke. Seit 1355 heißt sie Zollenbrücke, benannt nach dem hier gelegenen Zollhaus der Schauenburger Grafen. Auch das Erscheinungsbild der Brücke wurde immer wieder verändert. Die erste war noch aus Holz, die zweite aus Stein. Später musste sie vergrößert werden und bekam dann auch das eher einfache Geländer. Den Schlussstein schmückt das Hamburg Wappen. Die Zollenbrücke führt über den kurzen Rest des Gröningerstraßenfleets. Als die Bomben des Zweiten Weltkriegs die Häuser am Fleet zerstörten, fielen sie als Trümmer ins Gröningerstraßenfleet, das 1946 vollständig zugeschüttet wurde.

Gehen Sie über die Zollenbrücke in Richtung Trostbrücke. Zur rechten Seite verläuft die Straße Brodschrangen. Schrangen waren

*Die Zollenbrücke bei Niedrigwasser. An der Färbung der Steine lässt sich ablesen, wie hoch das Wasser bei Flut steigt.*

Bänke, auf denen das in der nahen Bäckerstraße gebackene Brot verkauft wurde. Die Hamburger Börse auf dem Platz Bei der alten Börse wurde im 16. Jahrhundert als erste in Deutschland gegründet. Aber erst 1577 wurde eine Halle für die Börsianer errichtet, zuvor handelten sie auf dem offenen Platz. Immer zur Mittagszeit trafen sich hier ehrbare Kaufleute und betrieben ihre Geschäfte. Als die Franzosen 1814 in der Stadt waren, benutzten sie die Börse als Pferdestall.

Wenn Sie den Platz überquert haben, stehen Sie direkt an der Trostbrücke (1). Ihren Namen hatte sie schon im 13. Jahrhundert, sie wurde aber auch Wechslerbrücke bzw. „pons campsorum" genannt. Hier konnte man bei den Geldwechslern Geld umtauschen, denn die kannten sich mit den vielen unterschiedlichen Münzen und Währungen in Hamburg aus. Der Name Trostbrücke leitet sich vielleicht von dem hier ansässigen Grundbesitzer Trost ab, oder man spendete Verurteilten Trost, die aus dem nahe gelegenen Gericht kamen. Der heutige Brückenbau wurde von Franz Andreas Meyer entworfen und 1881 bis 1883 erbaut. Nach dem Brand von 1842 diente zunächst eine Holzkonstruktion als provisorische Brücke.

Die Trostbrücke stand im Mittelpunkt der damaligen Stadt, wo ein kleiner Hafen entstanden war, und wo sich das Rathaus, die alte Börse, die Waage und der Kran für die ankommenden Güter befanden. Auf der Trostbrücke stehen Statuen der beiden Gründerväter von Hamburg, des Heiligen St. Ansgar und Graf Adolph III. von Schauenburg. Sie stehen an der Schnittstelle von der bischöflichen Altstadt zur gräflichen Neustadt, die Anfang des 13. Jahrhunderts zusammengelegt wurden. Ab 1290 gab es ein gemeinsames Rathaus, das 1842 gesprengt wurde, um die Flammen des Großen Brandes aufzuhalten. Es wird erzählt, dass vor der Sprengung noch Gold mit Schubkarren aus den Schatzkammern des Rathauses geholt wurde.

Ein Hamburger Senator wohnte einst in der Deichstraße oder „Diekstroot“, wie es plattdeutsch heißt. Als er einmal über die Trostbrücke ging, wehte ihm sein großer schwarzer Zylinder vom Kopf. Der Wasserträger Wilhelm Benz, bekannt als „Hummel“, brachte ihm das gute, nun allerdings nasse Stück zurück. Der Senator jedoch wollte seine Kopfbedeckung nicht wiederhaben und schenkte sie Hummel. Der konnte dann noch einen Taler für die Reinigung des Hutes und einen für die Reinigung seiner verschmutzten Kleidung herausschlagen und zog freudig von dannen. Und so sieht man den Wasserträger Hummel auf Bildern immer als gut gekleideten Herrn mit Zylinder.

*Auf der Trostbrücke stehen Standbilder des Heiligen St. Ansgar, der 831 von Kaiser Ludwig dem Frommen zum Erzbischof von Hamburg ernannt wurde, und des Grafen Adolph III. von Schauenburg, der während seiner Herrschaft von 1164 bis 1203 westlich der Brücke eine Kaufmannssiedlung gründete.*

*Die Trostbrücke über dem Nikolaifleet. Bei abgelaufenem Wasser sieht man die Baumstämme, die in die Erde gerammt wurden, um die Konstruktion zu tragen.*

Wenn Sie an Erzbischof Ansgar vorbei und über das Fleet blicken, sehen Sie eine weitere Brücke, die Mühlenbrücke. Sie erinnert an die erste Mühle, für die die Alster zum ersten Mal mit einem Damm aufgestaut wurde. Ein wichtiger Handelsweg führte dort entlang, denn eine Furt erleichterte den Weg über die Alster.

Von der Straße Trostbrücke gehen Sie am Haus der Patriotischen Gesellschaft, dem Nachfolgebau des Rathauses, vorbei, direkt auf die 1903 erbaute Alte Bankhalle zu, die sich in der Straße Neß befindet. „Neß“ bedeutet nichts anderes als „Nase“, und deutet auf eine in früheren Zeiten hier gelegene Landzunge hin. Die Hamburgische Bank wurde 1619 gegründet und hatte ab 1827 ihren Sitz in dem Vorgängerbau der Bankhalle, der ebenfalls 1842 abbrannte.

Nun geht es links durch die Straße Börsenbrücke, bis Sie rechts in die Große Johannisstraße einbiegen können. Das Eckgebäude an der Kreuzung Adolphsplatz und Große Johannisstraße ist die Hamburger Börse, die 1841 errichtet wurde. Ein Jahr später konnte sie vor den Flammen des verheerenden Feuers gerettet werden – dank des waghalsigen Einsatzes einiger Bürger. Gehen Sie in Richtung Rathaus, vorbei an der Schauenburger Straße, die an das Grafengeschlecht der Schauenburger erinnert.

*Das Hamburger Rathaus von 1897. Es ist an der rückwärtigen Front durch zwei Hofflügel mit dem Gebäude der Börse verbunden, dazwischen befindet sich der Ehrenhof mit dem Hygieia-Brunnen.*

Der „Ratsweinkeller“, dessen Eingang sich an der Ecke des Rathauses befindet, war schon immer ein Teil von Hamburg und ist ein Restaurant mit Tradition. Es gab ihn schon im Kellergewölbe des ersten Rathauses nach der Zusammenlegung von Alt- und Neustadt. Prinz Charles, Robert Redford und viele andere waren hier schon zu Gast. Auch Sie können hier speisen wie die prominenten Gäste und die Senatoren des Rathauses. Sie haben die Auswahl zwischen Labskaus, Aalsuppe, Ratsherrenplatte, Matjes Hamburger Art, Matjes Senatoren- oder Ratsweinkellerart. Zum Nachtisch gibt es Köstlichkeiten aus der eigenen Konditorei. Und Sie sind auch herzlich willkommen, wenn Sie nur etwas trinken möchten. Der „Ratsweinkeller“ wurde übrigens schon ein Jahr vor der feierlichen Einweihung des Rathauses eröffnet, also 1896.

Das heutige Hamburger Rathaus auf dem Rathausmarkt (2) wurde 1897 fertig gestellt. Es ist im Renaissancestil gebaut und steht auf 4.000 Eichenpfählen, die 17 Meter tief in den morastigen Untergrund gerammt wurden. Es ist 112 Meter hoch, 111 Meter breit und hat mehr Räume als der Buckingham Palast, nämlich 647. In den Nischen an der Außenfassade stehen die Kaiser des alten Deutschen Reiches. Das Landesparlament (die Bürgerschaft) und die Landesregierung (der Senat) des Stadtstaates Hamburg haben hier ihren Sitz. Bei Führungen können Sie einige Räume besichtigen, wie den Kaisersaal mit Ledertapete oder den Phoenixsaal mit dem Silberbarren einer Bank, der beim Großen Brand geschmolzen ist.

🕮 Auf dem Rathausmarkt gleich neben dem Haupteingang links ist eine Gedenkplatte in den Boden gelassen, die an Georg Philipp Telemann erinnert, ehemaliger Kantor am Johanneum und Musikdirektor der fünf Hauptkirchen Hamburgs im 18. Jahrhundert. Er wurde auf dem ehemals hier gelegenen Friedhof begraben. Im Rundgang „Musik" werden der Komponist Telemann und seine Arbeit in Hamburg vorgestellt.

Wenn Sie quer über den Rathausmarkt gehen, gelangen Sie zum Reesendamm und dann auf die 1843/44 erbaute Reesendammbrücke (3), über die der Jungfernstieg führt. Früher hieß auch die Straße Reesendamm. Sie wurde 1665 mit Bäumen bepflanzt und zu einer schönen Promenade umgewandelt. In Berichten wurde immer wieder von den hübschen Jungfern erzählt, die an einem schönen sonnigen Nachmittag auf dieser Straße spazieren gingen. 1680 erhielt sie dann auch den Namen Jungfernstieg. Aber die Geschichte des Jungfernstiegs geht noch viel weiter zurück: Zwischen dem Gänsemarkt und der Straße Hinter St. Petri (heute Bergstraße) wurde 1245 ein Damm durch die Alster gezogen, um eine Mühle anzutreiben. Nach dem Pächter der Mühle, Heinrich Reese, wurde der Damm benannt, der nur einen Durchlass mit einer hölzernen Brücke darüber hatte. Die Mühle brannte 1535 ab. Auf dem Damm wurde ein Tor angelegt, das Dammtor. Der Name wanderte mit dem Tor immer weiter nach Westen. 1932 fand man bei Bauarbeiten Pfeiler des ersten Dammes aus dem 13. Jahrhundert. Einer steht heute im U-Bahnhof Jungfernstieg.

Die aufgestaute Alster trieb nicht nur die Mühle an, sondern trat auch aus ihrem bis dahin schmalen Flussbett hinaus. So entstand eine wunderschöne Wasserfläche, die die Betrachter bis heute in Entzücken versetzt. Einmal brachte die Alster allerdings so viel Wasser mit sich, dass der Damm dem Druck nicht standhalten konnte, und

*Blick über die Kleine Alster auf die Alsterarkaden und die Reesendammbrücke.*

das ganze Gebiet der Bleichen überflutete, wo heute die schönen Einkaufspassagen und die exklusiven Geschäfts- und Bürogebäude zu finden sind.

Ab 1531 gab es auf dem Damm eine Wasserkunst, die das Wasser der Alster in die umliegenden Haushalte beförderte. Es war die erste ihrer Art in der Stadt. Zu Beginn des 17. Jahrhunderts kam eine weitere Wasserkunst dazu. Die Leitungen verliefen unter den Straßen bis in die Höfe oder Keller der Häuser, aber nicht in die oberen Etagen, weil der nötige Druck dafür fehlte. Die Bewohner mussten das Wasser bezahlen und sie durften nur die ihnen zugewiesene Menge abzapfen. In Privathäusern waren die Leitungen fingerdick, gewerbliche Nutzer hatten armdicke Rohre, z.B. die Brauer, die an Brautagen vorher beantragtes Wasser abholen konnten. Das musste natürlich auch extra bezahlt werden. Die Qualität des Wassers wurde mit der Zeit immer schlechter, weil die Anwohner die Alster, die Fleete und die Elbe als Müllhalden benutzten. Besonders im Sommer kam es zu Problemen bei der Wasserversorgung.

Verlassen Sie nun die Reesendammbrücke und gehen durch die Alsterarkaden bis zur Schleusenbrücke (4). Ende Dezember 1989 wurden die Alsterarkaden teilweise durch ein Feuer zerstört und nach altem Vorbild wieder aufgebaut. Bei der Schleusenbrücke angekommen, haben Sie die Kleine Alster fast umrundet. Die Kleine Alster hat nicht mehr ihr altes Ausmaß. Früher reichte sie bis an die heutige

*Die Adolphsbrücke verbindet den Alten und den Neuen Wall.*

Straße Plan heran, also weit bis auf den heutigen Rathausmarkt. Am Wasser standen die Häuser dicht an dicht, aus ihnen kragten die Lauben heraus, in denen sich die Toiletten – besser gesagt die Bretter mit Löchern – befanden. Wer nicht mal diese besaß, suchte die unter einzelnen Brücken vorhandenen Kloaken auf oder entleerte seinen Nachttopf einfach auf der Straße. Den in der Rinne in der Straßenmitte zusammengelaufenen „Gassenkummer" spülte der Regen dann von den Straßen. Er landete natürlich in den Fleeten und in der Elbe.

📖 Zwar kam das Wasser für die wohlhabenderen Hamburger über Leitungen direkt ins Haus, jedoch wurde es aus der oberen Elbe bei Rothenburgsort genommen und nicht gefiltert. So waren auch viele ungebetene „Gäste" dabei, was ein Gedicht besonders schön ausdrückt:
„Vom Tier im Hamburger Wasserrohr, da kommen 16 Arten vor: ein Neunaug', Stichling und Aal, drei Würmer leben in dem Strahl, drei Muscheln und drei träge Schnecken sich mit der muntern Assel necken. Ein Schwamm, ein Moostier, ein Polyp, die dringen lustig durch das Sieb. An toten Tieren kommen raus der Hund, die Katze und die Maus; noch nicht gefunden sind, Malheur, der Architekt und Ingenieur."

Nach dem Großen Brand, bei dem ein Drittel der damaligen Stadt und auch die beiden Wasserkünste am Reesendamm zerstört wurden, gestaltete Alexis de Chateauneuf bis 1846 die Kleine Alster, die angrenzende Treppenanlage und die Alsterarkaden im venezianischen Stil neu. Die Kleine Alster war und ist ein beliebter Treffpunkt für die vielen Alsterschwäne, die auch als Wahrzeichen von Hamburg gelten. Schon im 16. Jahrhundert ist eine organisierte Versorgung der Alsterschwäne beurkundet, seit 1664 stehen sie unter Schutz. Den Winter verbringen die Schwäne in ihrem Quartier auf dem Eppendorfer Mühlenteich.

Die Schleusenbrücke wurde 1843 gebaut, um den Alten mit dem Neuen Wall zu verbinden. Unter der Brücke befindet sich eine 1846 eingerichtete Schleuse, die Rathausschleuse, mit der der Wasserstand der Alster reguliert wird, und durch die die Schiffe von der Alster zur Elbe fahren können. Um die Brücke zu bauen, wurde ein Teil des Fleets trockengelegt, indem ein fast kreisförmiger Damm um die Baustelle errichtet wurde, an dem die Alster vorbeifließen konnte. Hatte die Schleuse anfangs nur eine Schifffahrtskammer (in der Mitte), wurde sie 1890/1891 um eine weitere Kammer ergänzt. Ab 1921 konnten die Tore zum Öffnen und Schließen elektrisch betrieben werden. Der Bau der S-Bahn machte einen weiteren Umbau nötig, die Brücke bekam bis 1973 eine Stahlkonstruktion, heute ist sie nur noch für Fußgänger geöffnet.

Nehmen Sie den überdachten Alsterwanderweg beim Alsterfleet, direkt am Wasser entlang bis zur Adolphsbrücke. Dieser Weg hat den Vorteil, dass Sie, auch wenn es mal regnen sollte, fast trockenen Fußes bis zur nächsten Brücke gelangen. Abseits vom geschäftigen Treiben einer Großstadt können Sie so auch einen ungewohnten Blick auf die Rückseiten der Häuser werfen.

Viele Gewerbe, die Wasser für die Produktion brauchten, siedelten sich am Alsterlauf an. Ein großes Gebiet auf der rechten Seite wurde früher als Bleichfläche für die Wäsche genutzt. Die Namen Große Bleichen, Hohe Bleichen und Bleichenbrücke erinnern noch daran. Weiterhin gab es Brauereien, Gerbereien, Seidenfärbereien und Schlachtereien. Das so unterschiedlich benutzte Wasser und die Abfälle führten sie alle wieder dem Wasserlauf zu, was die Qualität des Wassers beeinträchtigte und zu Unstimmigkeiten zwischen den Anwohnern und Benutzern führte.

Die nächste Brücke ist die Adolphsbrücke (5). Hier befand sich früher die Scheelengangsbrücke, die beim Großen Brand 1842 zerstört wurde. Sie verband den Alten und den Neuen Wall und wurde nach dem dort ansässigen Hermann Scheele benannt. Die Brücke war aus Holz und hatte in der Mitte eine Treppe direkt zum Fleet mit einem Schiffsanlegeplatz, an der Schuten und Ewer festmachen konnten. Ein „Privet", also eine Toilette, gab es auch auf der Brücke.

Die heutige Brücke mit dem schönen Geländer und den Kandelabern aus Gusseisen wurde 1845 fertig gestellt und nach Graf Adolph IV. von Schauenburg benannt. Der Graf hatte am Platz der heutigen Börse das Franziskanerkloster St. Maria Magdalenen errichten lassen. Die Brücke führt auf den Adolphsplatz, ehemals Maria-Magdalenen-Kirchhof, an dem sich die Börse befindet.

Um die Schiffbarkeit der Fleete auch bei Niedrigwasser zu gewährleisten, durften sie nicht verschlicken. Dafür wurden „Düpe-Herren" eingesetzt, Beamte der 1548 gegründeten Düpekommission, der Verwaltungsbehörde, die die Wassertiefen der Fleete und der Elbe überwachte. Sie patrouillierten auf dem Wasser und kontrollierten, dass kein Unrat oder Abfall in die Fleete geschüttet wurde. Außerdem untersuchten sie die Brücken von unten auf Schäden. Bei Niedrigwasser kamen die „Fleetenkieker" zum Einsatz. Jeder hatte sein eigenes Revier und musste melden, wenn größere Verunreinigungen, z.B. durch tote Tiere, beseitigt werden sollten. Manchmal erhielten sie Aufträge von den Anwohnern, denen etwas Wertvolles ins Fleet gefallen war.

*Das Mönkedammfleet zweigt vom Alsterfleet ab, im Hintergrund ist die Turmruine der Nikolaikirche zu sehen.*

*Die Kandelaber sind nur eines der schönen Details der Heiligengeistbrücke.*

Folgen Sie nun weiter dem Alsterwanderweg am Alsterfleet. Vorn ist schon die Graskellerbrücke zu sehen. Doch erst einmal geht es bei der nächsten Möglichkeit rechts auf das Görtz-Palais am Neuen Wall zu. Erbaut wurde es 1710 bis 1711 für einen Gesandten in Hamburg namens Görtz. Im 18. Jahrhundert kaufte die Stadt das Haus und stellte es dem Kaiserlichen Gesandten zur Verfügung. Ab 1814 wurde es von der Polizeibehörde Hamburgs genutzt und als Stadthaus bezeichnet. In der NS-Zeit befand sich hier die Zentrale der Gestapo.

Gehen Sie nun wieder zum Alsterfleet und die Stufen hinunter zur ersten Graskellerbrücke (6). Links vor der Brücke zweigt eine weitere Wasserstraße ab, das Mönkedammfleet, von dem nur noch ein Rest erhalten geblieben ist. Den Mönkedamm benutzten die Mönche, wenn sie zum Maria-Magdalenen-Kloster gingen. Über dem Fleet sehen Sie die Altenwallbrücke und darüber die U-Bahn-Brücke, im Hintergrund ragt der Turm der St.-Nikolaikirche hervor.

Unter der Graskellerbrücke befand sich früher eine Schleuse. Sie wurde 1965 abgebrochen, nachdem sie im Krieg in Mitleidenschaft gezogen worden war. Die Brücke wurde aus Spannbeton wieder hergestellt und parallel dazu eine Brücke für Fußgänger errichtet. Auch das schöne gusseiserne Geländer trug Kriegsschäden davon, wurde später repariert und bei der Überführung an der Domstraße verwendet. An der Brücke stand ab 1529 eine Mühle, die mit dem Wasser der Alster angetrieben wurde. Erst im 18. Jahrhundert wurde der Name Graskeller eingeführt, denn in den Kellerräumen der Häuser bei der Brücke lagerte Gras, das von den Elbinseln stammte, bevor es verkauft wurde.

Gehen Sie unter der zweiten Graskellerbrücke hindurch und vor Ihnen taucht die 1883 erbaute Heiligengeistbrücke (7) auf. Links dahinter befindet sich die Oberfinanzdirektion in einem 1910 erbauten Backsteinhaus. Dort standen einst eine Kirche und das Hospital Zum Heiligen Geist, das der Brücke ihren Namen gab. Es wurde schon 1246 gegründet, um Alte und Kranke aufzunehmen, später wurde ein Altenheim daraus. Das Hospital gehörte zeitweise zum Maria-Magdalenen-Kloster. Wo sich heute das „Steigenberger Hotel" befindet, standen einstmals die hohen Speicherhäuser mit ihren Spitzgiebeln und den Winden direkt im Wasser. Hier waren vor allem Kohlenhändler und Küter, also Schlachter, ansässig, nach denen das Fleet auch Küterfleet genannt wurde. Gehen Sie die Treppen hinauf auf die Heiligengeistbrücke, die einstmals eine wichtige Verbindung in Richtung Neustadt war. Sehenswert sind die Details der Brücke, besonders die Spinnen in ihren Netzen.

Durch die Durchfahrt und am Eingang des „Steigenberger Hotels" vorbei gelangen Sie auf die Fleetinsel. Das graue Haus links an der Ecke zur Admiralitätsstraße ist das in den 1880er-Jahren erbaute

*Die Ellerntorsbrücke wurde 1993 wieder in ihren Originalzustand versetzt.*

Neidlingerhaus. Auf dem Platz halten Sie sich rechts, gehen in den Fleethof und dann durch den linken Ausgang direkt auf die Ellerntorsbrücke (8). Von hier können Sie nach links auf die Michaelisbrücke und nach rechts auf die Stadthausbrücke sehen. Letztere wurde 1889 errichtet, als eine weitere Verkehrsverbindung zwischen Alt- und Neustadt notwendig wurde. Unter der Brücke treffen sich das Bleichenfleet und das Herrengrabenfleet. Die Ellerntorsbrücke wurde 1668 aus Stein gebaut und im Laufe der Jahrhunderte oft repariert und verändert. Erst 1993 wurde sie anhand der ersten Pläne wieder in den Ursprungszustand zurückversetzt. Sie war die Fortsetzung des wichtigen Landweges vom Burstah über die Graskellerbrücke, der sich dann im Alten und Neuen Steinweg fortsetzte, der wichtig genug war, um mit Steinen belegt zu werden. Gleich neben der Brücke stand ein Stall für Pferde, die die in Richtung Altona fahrenden Omnibusse die Anhöhe in Richtung Alter Steinweg heraufzogen.

Gehen Sie über die Ellerntorsbrücke nach links in die Düsternstraße. Hier stand von 1546 bis 1668, am westlichen Ausgang der damaligen Stadt Hamburg, das Millerntor. Das Tor war lang und hatte einen Knick, sodass kaum Licht hineinfiel, und so wurde es im Volksmund als das düsterne Tor bezeichnet. Man nimmt an, dass der Name Ellerntor eine „Verstümmelung" des Namens Millerntor ist.

Gehen Sie nun links auf die Michaelisbrücke (9). Von hier aus können Sie einen Blick auf die wunderschöne Ellerntorsbrücke werfen. Die Michaelisbrücke war die Fortsetzung der Verkehrsstraße, die über die Heiligengeistbrücke führte. Nach ihrer Zerstörung im Zweiten Weltkrieg wurde nur noch eine Fußgängerbrücke über das Herrengrabenfleet errichtet, die ehemalige Schleuse, die seit 1885 unter der Brücke bestand, wurde nicht erneuert.

Eines der meistgenutzten Transportmittel auf dem Wasser war die Schute. Ihre Anzahl nahm mit dem steigenden Güterumschlag über die Jahre stetig zu. 1856 waren es 1.058 Schuten, im Jahre 1913 schon 5.835 und 1933 dann 5.982. Zuerst baute man die Schuten aus Holz, ab Ende des 19. Jahrhunderts aus Eisen. Ihre Ladekapazität erhöhte sich von 50 Tonnen auf über 250 Tonnen. Meist war die Wasseroberfläche mit Schuten und Kähnen bedeckt, die in Zweier- oder Dreierreihen an den Speicherhäusern lagen. Es bedurfte einer ausgeklügelten Logistik und Organisation, sich durch das Gewühl aus Booten zu schlängeln. Dabei musste natürlich genau auf die Tide geachtet werden, denn wenn kein Wasser im Fleet war, konnte nicht gefahren werden. Mancher Kapitän stellte das erst fest, wenn der Boden des Schiffes schon über den Fleetgrund „schlidderte".

*Der Name der Pulverturmsbrücke geht auf einen Turm zurück, in dem Schießpulver eingelagert wurde.*

Gehen Sie nun wieder über die Fleetinsel am Neidlingerhaus vorbei und biegen rechts in die Admiralitätsstraße. Sie hat ihren Namen von der Behörde der Admiralität, die 1623 auf Initiative Hamburger Kaufleute gegründet wurde, vor allem, um sich vor Piraten zu schützen. Bei der nächsten Kreuzung befinden sich rechts und links wieder Brücken: rechts die Herrengrabenbrücke, links die Slamatjenbrücke (10). Für diesen ungewöhnlichen Namen gibt es mehrere, ebenfalls ungewöhnliche Erklärungen. Sie reichen von „schnatternden Frauen", einem unordentlichen Menschen oder einer Schmutzliese, über eine Made, die im Schlamm steckt, bis hin zur Prostituierten. Gehen Sie nun auf die Herrengrabenbrücke (11). Am Geländer sind die Ratsherren abgebildet, die der Brücke und dem Fleet den Namen gaben. Sie tragen die typische Tracht ihrer Zeit. Das Fleet war vom 16. Jahrhundert an Teil des Stadtgrabens. Auf das Herrengrabenfleet zurückblickend sehen Sie die Michaelis- und dahinter die Ellerntorsbrücke.

Überqueren Sie die Ludwig-Erhardt-Straße bei der Ampel, gehen Sie in die Straße Herrengraben und dann nach links in die Straße Pulverturmsbrücke (12). Mitte des 16. Jahrhunderts wurde ein Turm am Wall erbaut, in dem Schießpulver gelagert wurde. Eine Brücke führte direkt durch ein Tor im Wall in die Stadt. 1819 wurde der Turm abgebrochen.

Gehen Sie bis ans Ende der Straße und nach rechts in die Admiralitätsstraße. Hier stand einst das Gebäude der Admiralität, gleich daneben ein Haus, das für die Witwen von Kapitänen gebaut wurde.

*Blick vom Schaartor auf das Alsterfleet und die Slamatjenbrücke.*

Am gegenüberliegenden Ufer verläuft die Straße Herrlichkeit, die Bezug nimmt auf die Gärten der Ratsherren. Ganz neue Häuser stehen an der linken Straßenseite auf Stelzen, dahinter verläuft wieder das Alsterfleet. Fast am Ende der Straße ist auf der rechten Straßenseite ein in ein neues Haus integriertes altes Sandsteinportal zu sehen. Es gehörte zum Alten Waisenhaus, das 1782 bis 1785 erbaut wurde und bis zum Zweiten Weltkrieg hier stand, und das nach dem Großen Brand von 1842 als Rathaus diente.

Am Ende der Admiralitätsstraße befindet sich links die Schaartor-Brücke (13). Darunter sieht man ein Schöpfwerk und eine Schleuse. Die Schleuse wurde nach der großen Sturmflut 1962 errichtet und machte die Schleuse unter der Graskellerbrücke überflüssig. Bis hier hat die Alster 56 Kilometer zurückgelegt und fließt unter der U-Bahn-Brücke in die Elbe. Schon 1392 war eine hölzerne Fußgängerbrücke mit dem Namen „Schorbrügghe" über das Schaartor bekannt. „Shore" bedeutet Ufer. Noch 1837 wurde beim Neubau der Brücke ein „Privet", eine Toilette direkt über dem Fleet, unter der Brücke angelegt. Einen späteren Bau aus dem Jahre 1911 bis 1913 zierten zwei bronzene Kamelreiterstatuen an den Seiten, die im Ersten Weltkrieg eingeschmolzen wurden. Von der Schaartor-Brücke schauen Sie zurück auf das Alsterfleet in Richtung Slamatjenbrücke.

Die letzte Brücke über das Herrengrabenfleet auf diesem Rundgang finden Sie hinter der Feuerwehrwache, die Schaarsteinwegsbrücke (14) von 1835. Von der Brücke führt nur noch ein Treppenrest zum Fleet.

Gehen Sie nun durch die Straße Steinhöft in Richtung Hafen. Die steinerne Uferbefestigung, die schon im 15. Jahrhundert erwähnt wurde, gab dieser Straße ihren Namen. Das Kontorhaus Elbhof, Steinhöft 9, wurde 1905 gebaut. Über dem Eingang befinden sich die „Flüsternde Welle" und „Stürmische Wogen". Das Slomanhaus daneben wurde in zwei Bauabschnitten für die Reederei Sloman errichtet.

> Westminster, Bistro am Baumwall
> Steinhöft 11 / Ecke Baumwall
> Telefon 040- 37 14 04
> Mo.-Fr. 12-24 Uhr, Sa. 15-23 Uhr
> Die Küche bietet Fisch in vielen Variationen, mittwochs ist „Labskaus-Tag".

Gehen Sie in Richtung Baumwall (15), links befinden sich die Binnenhafenbrücke und die parallel verlaufende Otto-Sill-Brücke, unter denen das Alsterfleet in die Elbe fließt. Otto Sill war von 1964 bis 1971 Oberbaudirektor. Als es die Brücken noch nicht gab, stand dort im Wasser bis 1857 das Baumhaus, das ab 1662 als Zollstation diente. Außerdem war ein viel gerühmtes Gasthaus hier untergebracht, in dem die Reeder und Schiffer Geschäfte machten. Überqueren Sie die Straße Baumwall bei der Ampel in Richtung Niederbaumbrücke. Der Baumwall verweist auf einen

*Von der Schaarsteinwegsbrücke führte einst eine Treppe ans Wasser. Die Hauswand ist die Rückfront des Feuerwehrgebäudes.*

Teil der Stadtbefestigung in der Elbe in Form einer Pfahlreihe. Die Niederbaumbrücke (16) vor dem Binnenhafen erinnert an einen einfachen Baumstamm, der schon im 14. Jahrhundert schwimmend die Einfahrt in den damaligen Haupthafen über Nacht verschloss und bei Bedarf geöffnet werden konnte. Die Brücke führt auf die Kehrwiederspitze mit der Polizeiwache von Anfang des 20. Jahrhunderts. Kehrwieder heißt es hier, weil der Eingang gleichzeitig auch der Ausgang war. Hier standen noch Ende des 19. Jahrhunderts zwei Geschütze, die die Hamburger Bevölkerung bei einer drohenden Sturmflut warnen sollten.

📖 Walter Gättke schrieb 1924 das Lied „ Auf der Hamburger Brück'", dessen erste Strophe lautet: „Auf der Hamburger Brück', wo die Elbe fließt, geh' ich lustig hin und her. Ob die Sonne scheint, ob der Regen gießt, ei, das macht mir kein Beschwer. Denn ich find mein Glück und ich pfeif ein Stück auf der langen Hamburger Brück'."

Auf der Kehrwiederspitze entstand in den letzten Jahren in verschiedenen Bauphasen das Hanseatic Trade Center. Das Gebäude direkt auf der Spitze vorn rechts erinnert an die Bugspitze eines Schiffes. Mit dem tollen Blick von einer Brücke auf den Hamburger Hafen endet hier der Rundgang über Hamburgs Brücken.

# *Musikszene durch die Jahrhunderte*

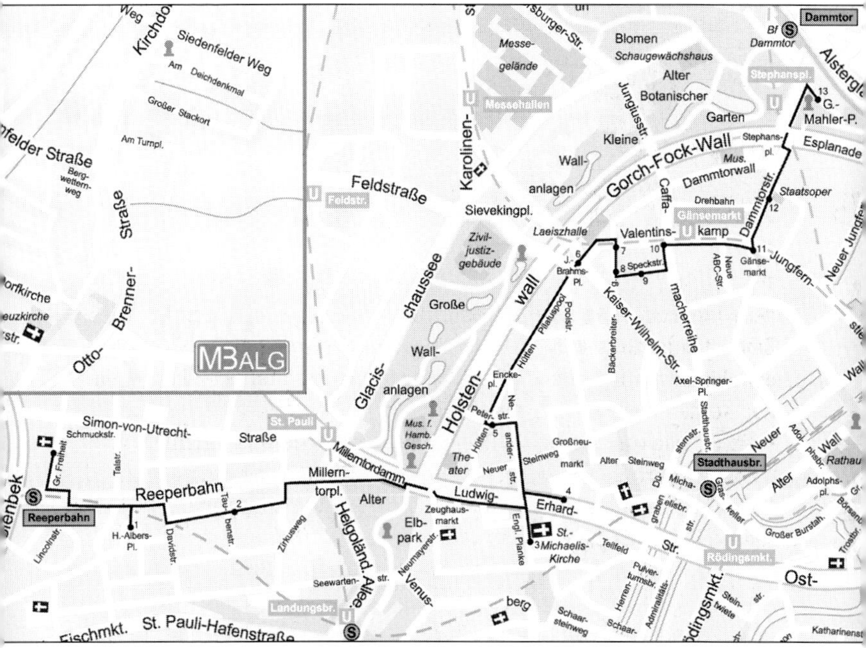


*Ausgangspunkt:* Große Freiheit
*Dauer:* 2 Stunden
*Stationen:* Hans-Albers-Platz (1), Spielbudenplatz (2), St. Michaeliskirche, Englische Planke (3), Geschwister-Mendelssohn-Stieg (4), Peterstraße (5), Johannes-Brahms-Platz (6), Valentinskamp (7), Bäckerbreitergang (8), Speckstraße (9), Caffamacherreihe (10), Gänsemarkt (11), Dammtorstraße (12), Gustav-Mahler-Park (13)

*Der Gedenkstein im Hinterhof der Großen Freiheit 39 erinnert an den „Star Club“, in dem die Karriere der Beatles begann.*

Hamburg ist berühmt für die Pannkoken-Kapelle, die sich auf hamburgisches Liedgut spezialisiert hat. Leberecht Pannkoken gründete im 19. Jahrhundert mit drei Kameraden eine Kapelle, die durch die Innenstadt zog, um den Anwohnern Ständchen zu bringen. Das schöne Zusammenspiel von Geige, Posaune, Klarinette und Schalmei lockte immer mehr Menschen auf die Straßen, die gern ihr Tanzbein dazu schwangen. Die Straßenmusiker verdienten nicht viel dabei. Manchmal durften sie auch auf Familienfeiern aufspielen, wenn nicht genug Ratsmusiker zur Verfügung standen. Die Ratsmusiker hatten eine feste Anstellung und ein geregeltes Einkommen, sie spielten bei öffentlichen Veranstaltungen der Stadt Hamburg oder der Kirchen. Die Pannkoken-Musik gab es nach dem Ersten Weltkrieg auf den Straßen nicht mehr, aber Kapellen lassen sich bis heute unter diesem Namen für Familienfeste engagieren.

In diesem Rundgang geht es vor allem um die Musiker, die in Hamburg geboren wurden oder hier lebten bzw. wirkten. Er beginnt auf St. Pauli, und zwar im Hinterhof der Großen Freiheit 39, wo die unvergleichliche Karriere der englischen Pop-Gruppe „The Beatles“ begann. Untrennbar sind die Namen „Kaiserkeller“, „Indra“, „Top Ten“ und natürlich „Star Club“, der sich genau hier befand, mit den Beatles verbunden. Als der „Star Club“ im April 1962 eröffnet wurde, waren die Beatles als Begleitmusiker des damaligen Stars Tony Sheridan dabei. Insgesamt spielten sie hier sechs Wochen, jeder bekam pro

Woche 500 Mark. Bis Ende des Jahres hatten sie noch zwei weitere Gastspiele. Der „Star Club“ wurde 1969 geschlossen, 1983 brannte das Haus ab und musste abgerissen werden. Nur ein Gedenkstein im Hinterhof erinnert noch an die Lokalität, in der die unvergleichliche Karriere der „Pilzköpfe“ begann.

📖 Überall auf St. Pauli haben die Beatles Spuren hinterlassen, die sehr anschaulich in einem „Beatles Guide Hamburg“ zusammengefasst sind.

Ihren Start in Hamburg hatten die Beatles im August 1960 im „Indra“, nicht weit von hier hinter der Kreuzung Simon-von-Utrecht-Straße und Große Freiheit gleich hinter dem Grünspan. Eine goldene Tafel am Haus erinnert daran. Die Beatles hießen noch „Silver Beatles“ und Ringo Starr war noch nicht einmal dabei. Nachdem die jungen Engländer keine Gäste ins „Indra“ locken konnten, wurden sie im „Kaiserkeller“ eingesetzt, wo der Erfolg nicht lange auf sich warten ließ. Nach Feierabend gingen die Musiker in umliegende Restaurants und Bars und schlossen mit ihren neuen Hamburger Fans Freundschaften. So wäre es wohl noch weiter gegangen, wenn der noch minderjährige George Harrison nicht des Landes verwiesen worden wäre. Kurze Zeit später wurden auch Paul McCartney und Pete Best ausgewiesen, weil sie weder eine Aufenthaltsgenehmigung noch eine Arbeitserlaubnis vorweisen konnten.

Wenn Sie aus dem Hinterhof wieder auf die Große Freiheit kommen, befindet sich der „Kaiserkeller“ links gegenüber. Von der Kanzel der barocken St.-Joseph-Kirche sollen die Beatles uriniert haben. Und weil sie deswegen angeklagt werden sollten, mieden sie Deutschland bis 1966, als das Verfahren eingestellt wurde. Der „Top Ten Club“ auf der benachbarten Reeperbahn, den es nicht mehr gibt, wurde 1960 eröffnet und schon 1961 standen die Beatles hier auf der Bühne. Als sie im „Top Ten“ spielten, wurde der bekannte Musiker und Komponist Bert Kaempfert auf sie aufmerksam und nahm sie unter Vertrag. Für die Schallplattenaufnahmen von Tony Sheridan setzte Kaempfert die Beatles unter dem Namen „Beat Brothers“ als Begleitmusiker ein.

Verlassen Sie nun die Große Freiheit und biegen nach links in die Reeperbahn ein, um dann gleich die Straße bei der nächsten Ampel zu überqueren und nach links dem Verlauf der Reeperbahn, die Silbersackstraße überquerend, bis zum Hans-Albers-Platz (1) zu folgen.

Albers ist untrennbar mit der Straße und dem Stadtteil St. Pauli verbunden. Sein Lied „Auf der Reeperbahn nachts um halb eins“ aus dem gleichnamigen Film von 1953 wird auf fast jeder Veranstaltung zu vorgerückter Stunde gesungen und jeder kann mit einstimmen. Musik und Text schrieb Robert Arthur Schönherr, der sich Ralph Arthur Roberts nannte, im Jahre 1907. Er war Schauspieler und brachte dieses Lied samt Melodie in der Garderobe des Operettenhauses zu Papier.

Mitten auf dem Hans-Albers-Platz steht ein Denkmal, das den Ur-Hamburger auf einer Möwe stehend darstellt. Geboren wurde „der blonde Hans“ 1891 im Stadtteil St. Georg. Er sollte Kaufmann werden, doch es zog ihn ans Theater. Schon mit 22 stand er singend auf der Bühne des Altonaer Schiller-Theaters. Später wurde er für den Film entdeckt. Nun spielte er meist den harten Burschen, der immer wieder einen weichen Kern durchblicken ließ. „Münchhausen“ drehte er 1943, ein Jahr später den Film „Große Freiheit Nr. 7“.

Gehen Sie nun weiter die Reeperbahn, die nach den Reepern benannt ist, die auf langen Bahnen Taue und Seile herstellten, entlang in Richtung Davidstraße und überqueren diese bei der Ampel zum Spielbudenplatz (2). Sie stehen dann direkt vor der weltberühmten Davidwache. 1854 als Wachgebäude für das Militär eingerichtet, wurde sie später als Polizeiwache genutzt. 1913 wurde das Gebäude abgerissen und 1914 ebenfalls als Polizeiwache wieder aufgebaut. Gleich daneben schließt sich das St.-Pauli-Theater an, das 1841 als Urania-Theater erbaut wurde. Der sehenswerte Zuschauerraum hat sich erhalten. Freddy Quinn spielte hier lange Zeit Theater. Er scheint ein echter „Hamburger Jung“ zu sein, doch er ist gebürtiger Österreicher. Bei einem Besuch 1951 im hohen Norden spielte er in einer Bar so schön Gitarre, dass er gleich bleiben durfte.

Gehen Sie den Spielbudenplatz entlang, der an die hölzernen Buden erinnert, in denen ab Mitte des 18. Jahrhunderts Artisten und Gaukler ihr Können zeigten. Hier stellte im Jahre 1848 ein Fischhändler namens Hagenbeck, der Vater des Tierparkgründers, Seehunde aus, die Seeleute aus fernen Ländern mitgebracht hatten. Auch die erste Filmbühne der Stadt stand hier am Spielbudenplatz: im „Konzert- und Automatenhaus“ von Eberhard Knopf wurden erstmals im Jahre 1900 „lebende Laufbilder“ – also Filme – gezeigt und das Publikum staunte nicht schlecht. 1896 begann hier die Karriere der Sangesbrüder Wolf. Nachdem ihr Bruder James ausschied, machten Fietje und Thetje, wie Leopold und Ludwig sich nannten, allein weiter, auf Plattdeutsch und in Hafenarbeiterkluft. Damit hatten sie

*Hier ist der Spielbudenplatz noch unbebaut.*

grandiosen Erfolg und traten sogar im berühmten Hamburger Hansa-Theater auf, bis Leopold 1926 starb. Ihr größter Erfolg ist bis heute der „Jung' mit'n Tüdelband“:

An 'ne Eck steiht 'n Jung mit'n Tüdelband, in 'ne anner Hand 'n Bodderbrot mit Kees,

wenn he blos nich mit de Been in'n Tüdel kümmt un dor liggt he ok all lang op de Nees.

Un he rasselt mit 'n Dassel an 'n Kantsteen un he bitt sick ganz geheurig op de Tung.

As he opsteiht seggt he: Hett nich wehdon. Dat is 'n Klacks för son Hamburger Jung.

Ja, ja, ja, klaun, klaun, Äppel wullt wi klaun, ruck, zuck öbern Zaun. Ein jeder aber kann das nicht, denn er muss aus Hamburg sein.

☞ Im Panoptikum am Spielbudenplatz 3 stehen die musikalischen Größen wie Hans Albers und Freddy Quinn sowie viele andere Berühmtheiten lebensgroß vor Ihnen – ganz aus Wachs. Natürlich treffen Sie hier auch die Beatles, die sogar auf den originalen Bühnenbrettern des legendären „Star Club“ stehen.

Panoptikum
Spielbudenplatz 3
Mo.-Fr. 11-21 Uhr, Sa. 11-24 Uhr, So. 10-21 Uhr

Bei einem musikalischen Rundgang durch die Stadt darf die Erwähnung der Musicals nicht fehlen, denn Hamburg ist Deutschlands Musicalstadt Nr. 1. Gleich neben dem Panoptikum, dem Wachsfigurenkabinett, befindet sich das Operettenhaus, das 1953 gebaut wurde. 1963 wurde „My Fair Lady" aufgeführt, ab 1986 tanzten hier die Katzen, 15 Jahre lang lockte das Musical „Cats" insgesamt sechs Millionen Besucher an. Im November 2002 war die Premiere von „Mamma Mia". Operetten haben in Hamburg und gerade im lustigen St. Pauli Tradition. Franz Lehár dirigierte hier persönlich die deutsche Uraufführung seiner Operette „Die Lustige Witwe".

Überqueren Sie nun die Straße Beim Trichter, die an ein beliebtes Ballhaus mit einem trichterförmigen Dach erinnert, das dem Zweiten Weltkrieg zum Opfer fiel. Genau gegenüber befand sich das elegante Concerthaus Ludwig, von außen ein prächtiges Gebäude, das im Innern hielt, was es versprach. Hier dirigierte der Komponist Gustav Mahler die erste erfolgreiche Aufführung seiner ersten Sinfonie.

Auf dem Weg zum Michel, der nächsten Station, geht es an Neubauten und unansehnlichen Betonklötzen vorbei, über den Zirkusweg, die Helgoländer Allee, den Millerntorplatz und zum Millerntordamm. Passieren Sie die Großen Wallanlagen auf der linken Seite, und die englische Kirche St. Thomas A Becket rechts am Zeughausmarkt. Das Wahrzeichen der Stadt Hamburg, die St. Michaeliskirche, steht in der Straße Englische Planke (3). Der Name stammt von einem von englischen Kaufleuten schon 1643 gebauten Platz, auf dem sie ein Kugelspiel spielten. Später errichteten sie eine Planke, um das Herunterrollen der Kugeln vom Platz zu verhindern.

Die erste Große St. Michaeliskirche wurde 1661 eingeweiht, der Turm allerdings erst 1669 fertig gestellt. Diese und ein Nachfolgebau brannten jedoch ab. Der heutige Bau wurde nach alten Plänen gebaut, aber moderner ausgestattet: Statt Holz benutzte man Stahl und der Turm erhielt einen Aufzug. In Anwesenheit von Kaiser Wilhelm II. wurde die Kirche 1912 eingeweiht. Im Zweiten Weltkrieg erfuhr sie große Zerstörungen, konnte aber bis 1952 wieder instand gesetzt werden.

Im Vorraum der Kirche sind rechts und links zwei Gedenktafeln zu Ehren der Musiker Gustav Mahler und Felix Mendelssohn-Bartholdy angebracht. Der Innenraum beeindruckt durch seine Größe. Nur vier große Pfeiler tragen das Gebäude, so ist es möglich, von jedem der 2.550 Plätze aus die Kanzel zu sehen. Zur festlichen Einweihung des Turmes 1786 schrieb Carl Philipp Emanuel Bach die Musik. Vielleicht passen Sie Ihren Rundgang so ab, dass Sie zum täglich stattfindenden Mittagsgebet um 12 Uhr im Michel sind, denn dann werden alle drei

*Die St. Michaeliskirche ist das Wahrzeichen Hamburgs. Viele berühmte Komponisten sind eng mit der Kirche verbunden.*

Orgeln gespielt (sonntags nur die große Orgel). Das Gebet dauert eine Viertelstunde. Eine weitere musikalische „Attraktion", die täglich stattfindet, ist der Türmerchoral: Ein Türmer bläst morgens um 10 Uhr und abends um 21 Uhr sowie sonntags um 12 Uhr mittags auf der Trompete einen Choral vom Turm der St. Michaeliskirche in alle vier Himmelsrichtungen, beginnend im Osten. Je nach Jahreszeit und Kirchenkalender variieren die Choräle.

Mit der St. Michaeliskirche sind musikalische Persönlichkeiten wie Johannes Brahms, Carl Philipp Emanuel Bach, Georg Philipp Telemann und Johann Mattheson verbunden. Brahms wurde in der Kirche getauft, daran erinnert ein Gedenkstein in der Kirche. Telemann war wie Bach Musikdirektor an den fünf Hauptkirchen Hamburgs, also auch an dieser Kirche. Bach und Mattheson sind in der Gruft unter der Kirche beigesetzt.

Telemanns musikalisches Schaffen in Hamburg begann 1721. Als er von Frankfurt nach Hamburg kam, war er bereits ein berühmter Komponist. Er wurde Kantor am Johanneum, der vom Reformator Bugenhagen 1529 gegründeten humanistischen Schule, und Musikdirektor der fünf Hauptkirchen. Seine Arbeit bestand darin, Kantaten für die Gottesdienste an Sonn- und Feiertagen zu schreiben, zudem Oratorien, Trauermusiken, Passionen und andere Musikstücke für besondere Anlässe. Außerdem war er von 1722 bis zur Schließung 1738 Operndirektor am Gänsemarkt. Er komponierte und bearbeitete Musikstücke und studierte sie für die Aufführungen mit den Musikern ein. Schon am Ende seines ersten Jahres in Hamburg gab er auch Konzerte in seiner Wohnung, die Eintrittskarten dazu verkaufte er selbst.

🕮 Eine ganz besondere Arbeit Telemanns hatte mit dem „Hamburger Ausruf“ zu tun: Fischfrauen, Gemüseverkäufer, Milchhöker, Bäcker und andere Händler priesen ihre Waren mit lautem, aber melodiösem „Geschrei“ an, während sie durch die Straßen und Gassen gingen. Diese Melodien brachte Telemann zu Papier, um sie für die Nachwelt zu erhalten. Allerdings wird überliefert, dass diese Arbeit nicht viel Anerkennung fand.

Telemann war anfangs ganz und gar nicht zufrieden mit seiner Hamburger Arbeitsstelle. Nicht nur das Gehalt war ihm zu gering (800 Mark Courant), er fand auch, dass seine Wohnung zu klein wäre und das Hamburger Publikum gar zu kritisch. Als er dann noch ein Angebot aus Leipzig bekam, dort Thomaskantor zu werden, kündigte er in Hamburg. Da musste der Hamburger Rat handeln, erhöhte das Gehalt und bot ihm noch andere Annehmlichkeiten. Letztlich blieb Telemann in Hamburg, und das 46 Jahre lang. In Leipzig besetzte ein gewisser Johann Sebastian Bach die Stelle des Thomaskantors.

🕮 Telemann entwickelte einen ganz eigenen Humor, wenn es um die Obrigkeit ging. Er wollte sich ungern unterwerfen, besonders dann nicht, wenn er mit Entscheidungen nicht einverstanden war oder sich über die althergebrachten Sitten hinwegsetzen wollte. So komponierte er eine Kantate anlässlich eines Festessens nur, weil man ihm mit Entlassung gedroht hatte. Die Obrigkeit prüfte den Text und Telemann dirigierte an dem Abend selbst. In der letzten Textzeile gab es die Wiederholung: „nun essen wir Ochsen, nun essen wir Ochsen, nun essen wir Ochsen Braten“. Bei der Prüfung hatte sich das noch nach „Ochsenbraten“ angehört. Konsequenzen hatte Telemann aber nicht zu fürchten, denn die Herren konnten sich schlecht eingestehen, dass sie die Ochsen waren.

Als Telemann 1767 starb, folgte ihm sein Patenkind Carl Philipp Emanuel Bach, Sohn des Komponisten Johann Sebastian Bach, als Musikdirektor der fünf Hamburger Hauptkirchen und Kantor des Johanneums nach. Vor seinem Amtsantritt erkundigte er sich schriftlich beim Enkelsohn Telemanns nach den Aufgaben eines Musikdirektors, denn dieser hatte nach dem Tod seines Großvaters vertretungsweise dessen Aufgaben übernommen.

📖 Johann Sebastian Bach bewarb sich 1720 um die Stelle des Organisten an St. Jacobi. Mit der Einstellung war damals die Zahlung von 4.000 Mark verbunden, die der Musiker leisten musste. Es heißt, dass Johann Sebastian diese Summe nicht bezahlen konnte und die Bewerbung daher zurückzog.
Die Orgel der Hauptkirche St. Jacobi ist die größte erhaltene Barockorgel Norddeutschlands mit 4.000 Pfeifen. Sie wurde 1693 vom Orgelbaumeister Arp Schnitger gebaut. Nach dem Zweiten Weltkrieg restaurierte der Schriftsteller und Orgelbaumeister Hans Henny Jahnn die Orgel. Arp Schnitger lebte von 1679 bis zu seinem Tode 1719 in Neuenfelde. Er heiratete die Tochter Gertrud des Hamburger Kaufmanns Otte. Ihre vier Söhne wurden ebenfalls Orgelbauer. Arp Schnitger schuf 160 Orgeln, die in England, Spanien, Portugal, den Niederlanden und Moskau standen.

Obwohl sich Carl Philipp Emanuel Bach von der leichten italienischen Musik, die die Hamburger so mochten, abwendete, hatte er mit seinen Konzerten in Hamburg großen Erfolg. Das lag auch daran, dass er sein Orchester und die Sänger zu begeistern vermochte, und das spürte das Publikum. Das Verhältnis zu seinen Musikern ging über eine reine Arbeitsbeziehung hinaus, es kam sogar vor, dass er die Musiker nach den Proben zu sich nach Hause zu Butterbrot, Kuchen und Wein einlud.

Zu Beginn seiner Hamburger Zeit wohnte er mit seiner Frau Johanna Maria und den drei Kindern in der Nähe der St. Michaeliskirche in der Böhmkenstraße, später dann in der Neustädter Fuhlentwiete. Sein Haus stand – fast – jedem offen. Als Kantor des Johanneums hatte er die Aufgabe, den obersten drei Schulklassen Unterricht in Gesang, Musikgeschichte und -theorie zu erteilen. Dabei ließ er sich jedoch von einem „Substituten" vertreten, den er selbst bezahlte. Es blieben noch genug andere Verpflichtungen als Musikdirektor und

*Die Grabstätte von Carl Philipp Emanuel Bach im Gruftgewölbe. Auf dem Grab steht immer eine Blume. Neben seinem Bild ist eines von Georg Philipp Telemann zu sehen.*

Verantwortlicher für die Kirchenmusik. Er musste jedes Jahr eine Passion schreiben, darüber hinaus Musikstücke für Ostern, Michaelis, Weihnachten, Geburtstage, Festmusiken für die Einführung neuer Pastoren, Trauermusiken und vieles mehr. Dazu gab er noch öffentliche Konzerte, in denen er sich und seine Arbeit vorstellte. Der „Hamburger Bach" bekleidete das Amt bis zu seinem Tod im Dezember 1788. Er wurde in der Gruft der St. Michaeliskirche beigesetzt.

Der 1681 in Hamburg geborene Johann Mattheson, ein guter Bekannter Telemanns, ist ebenfalls im Gruftgewölbe begraben. Der Musiker, Komponist und Opernsänger an der Gänsemarktoper hatte von 1715 bis 1728 die Stelle des Musikdirektors am Dom inne. Da er im fortgeschrittenen Alter taub wurde, widmete er sich der Musiktheorie und veröffentlichte Bücher dazu, brachte die Musikzeitung „Critica Musica" heraus und wurde Sekretär des britischen Gesandten in Hamburg. Er starb 1764 mit 83 Jahren. Sein Vermögen sollte für eine neue Orgel für die St. Michaeliskirche, die 1750 abgebrannt war, verwendet werden. Damit „erwarb" er sich auch einen Platz in der Gruft.

☞ St. Michaeliskirche
Täglich 10-17 Uhr, im Sommer bis 18 Uhr außer während der Gottesdienste

Gruftgewölbe
Täglich 11-16.30 Uhr im Sommer einschließlich Oktober, im Winter Di. und Do. geschlossen

Wenn Sie sich nun ein wenig ausruhen möchten, kehren Sie in das traditionsreiche und berühmte Restaurant „Old Commercial Room“ ein, in dem schon viele Prominente zu Gast waren. Es befindet sich gegenüber dem Haupteingang der St. Michaeliskirche. Ihr Gastgeber Herr Rauch hat exklusiv für die Leser und Leserinnen dieses Buches ein „Brahms-Menü“ zusammengestellt. Hier können Sie ganz nach Ihrem Geschmack wählen zwischen den Menüs „Brahms in Hamburg“ und „Brahms in Wien“. Bei der Hamburger Variante gibt es als Vorspeise mildes Matjesfilet auf Vollkornbrot und eine Aalsuppe, als Hauptgericht das traditionelle Hamburger Labskaus und als Nachspeise Kartoffelpuffer mit Apfelkompott, das alles für 23 Euro. Die Wiener Variante bietet als Vorspeise eine Tafelspitzterrine mit mildem Apfelkren und Salatbouquet, als Hauptspeise ein Wiener Kalbsschnitzel mit Gurkensalat in lieblichem Joghurtdressing, als Nachspeise Kaiserschmarrn mit Vanilleeis, Rumrosinen und Mandelsplitter, alles zusammen für 25 Euro. Natürlich können Sie sich aus der reich bestückten Speisekarte auch selbst ein Menü zusammenstellen.

Old Commercial Room
Englische Planke 10
Telefon: 040-36 63 19
Montag-Sonntag 11-24 Uhr
Leser dieses Buches können exklusiv ein Brahms-Menü bestellen.

Gehen Sie vom Michel kommend in Richtung Ludwig-Erhard-Straße. Wenn Sie sich nun noch einmal umdrehen und nach oben zum Michel-Turm schauen, sehen Sie die größte Turmuhr Deutschlands mit einem Durchmesser von acht Metern und einem Umfang von 24 Metern. Die großen Zeiger sind fast fünf Meter lang, die kleinen 3,65 Meter. Die Höhe einer Ziffer beträgt 1,35 Meter und bei jeder Minute legt der Zeiger 40 Zentimeter zurück.

Überqueren Sie bei der Ampel die Ludwig-Erhard-Straße und gehen nach rechts, bis Sie zu zwei Gedenktafeln am Geschwister-Mendelssohn-Stieg (4) kommen. Sie erinnern an Felix Mendelssohn-Bartholdy und seine Schwester Fanny. Ihr Geburtshaus wurde im Zweiten Weltkrieg zerstört, es stand ganz in der Nähe in der Ersten Brunnenstraße, Ecke Große Michaelisstraße, wo heute die Ludwig-Erhard-Straße verläuft. Über dem Eingang des Geburtshauses hing eine Gedenktafel, die daran erinnerte, dass hier einer der größten deutschen Komponisten geboren wurde. Schon zwei Jahre nach Felix' Geburt am 3. Februar 1809 verließ die Familie Mendelssohn Hamburg wegen der französischen Besetzung.

Gehen Sie nun das kleine Stück in der Ludwig-Erhard-Straße zurück, biegen nach rechts in die Neanderstraße, überqueren den Neuen Steinweg und biegen dann nach links in die Peterstraße (5). Die Häuser machen einen historischen Eindruck, doch sind sie – bis auf eines – alle neueren Datums. Hier blieb im Zweiten Weltkrieg fast kein Stein auf dem anderen. Der Hamburger Kaufmann Alfred Toepfer gründete die nach seinem Vater benannte Carl-Toepfer-Stiftung, die sich u.a. der Denkmal- und Heimatpflege verschrieben hat. Mit Geldern dieser Stiftung wurden die Häuser in der Peterstraße nach dem Vorbild alt-hamburgischer Kaufmannshäuser wieder aufgebaut. Jedes Haus ist einer bedeutenden Hamburger Persönlichkeit gewidmet: z.B. Nr. 28 Georg Philipp Telemann, Nr. 32 Felix Mendelssohn-Bartholdy und Nr. 34 Carl Philipp Emanuel Bach.

Das Haus Nr. 39 mit dem barocken Sandsteinportal stammt als einziges noch von 1750. Es wurde dem Komponisten Johannes Brahms gewidmet und beherbergt seit 1971 das Johannes-Brahms-Museum. Hier können Sie sich Zeichnungen, Fotografien, Briefe, Noten, Postkarten, verschiedene persönliche Gegenstände und ein Foto der Ehrenbürgerurkunde ansehen. Im Mai 1889 wurde Brahms die Ehrenbürgerschaft der Freien und Hansestadt Hamburg durch den damaligen Bürgermeister Carl Petersen verliehen, die er dankbar annahm. Dafür widmete er dem Bürgermeister die Fest- und Gedenksprüche für achtstimmigen Chor a cappella op. 109, die der Cäcilien-Verein in Anwesenheit des Komponisten im September 1889 uraufführte und die die Zuhörer begeisterten.

☞ Johannes-Brahms-Museum
Peterstraße 39
Di. und Do. 10-13 Uhr, jeden 1. Sonntag im Monat von 11-14 Uhr, Juni bis September auch jeden 3. Sonntag

*Das Johannes-Brahms-Museum ist seit 1971 in der Peterstraße 39 zu finden.*

> 🕮 Johannes Brahms gründete einen Frauenchor, der jede Woche unter seiner Leitung übte, um die Werke dann in der Kirche zu singen. Bei schönem Wetter kam es auch mal vor, dass Brahms mit seinen Damen ein Boot bestieg und auf die Alster hinausfuhr, um dort die Chorprobe abzuhalten. Zu sehen ist diese Szene im Museum: Die Künstlerin Maria Pirwitz schuf ein Relief, auf dem Brahms mit den Sängerinnen über die Alster „schippert".

Gehen Sie von der Peterstraße nach rechts in die Straße Hütten und durch die Straße Pilatuspool zum Johannes-Brahms-Platz (6). Vor Ihnen erhebt sich nun eindrucksvoll die Laeiszhalle. Der Neobarockbau wurde von 1904 bis 1908 gebaut. Erst seit Januar 2005 heißt das Konzerthaus wieder nach seinem Stifter, dem Reeder Carl Heinrich Laeisz. Diesen Namen musste das Haus in den 1930er Jahren ablegen und wurde fortan Musikhalle genannt. Der Große Saal mit 1.897

Plätzen ist im Originalzustand erhalten. Hier finden Klassik- und Popkonzerte sowie andere kulturelle Veranstaltungen statt.

☞ Um den Nachwuchs der Stadt Hamburg zu fördern, rief der ehemalige Generalmusikdirektor Gerd Albrecht das Klingende Museum ins Leben. Es ist das einzige Museum der Welt, in dem Kinder ab acht Jahren, von Musikprofis betreut, über 100 Musikinstrumente – vom Schlagzeug bis zur Harfe – anfassen und selbst ausprobieren können. An Familien-Nachmittagen entdeckt auch mancher Erwachsene sein musikalisches Talent.
Klingendes Museum in der Laeiszhalle
Telefon: 040-35 75 23 44

Ein abstraktes Denkmal befindet sich auf dem Johannes-Brahms-Platz. Maria Pirwitz schuf die Bronzeplastik als „Umsetzung von Musik in eine plastische Form“. Das wellenartige Gebilde ist ein Sinnbild für die Musik von Brahms und die Fülle des Orchesterklangs. Es bildet mit dem Granitkubus rechts von der Laeiszhalle, auf dem Brahms in verschiedenen Lebensaltern dargestellt ist, die Johannes-Brahms-Gedenkstätte, die 1981 eingeweiht wurde. Im oberen Foyer der Laeiszhalle befindet sich ein weiteres Brahms-Denkmal, das der Bildhauer und Maler Max Klinger schuf. Zudem finden sich dort Büsten von Persönlichkeiten, die mit Brahms verbunden waren, z.B. Clara Schumann.

Gehen Sie am Granitkubus vorbei und überqueren den Dragonerstall sowie den Valentinskamp (7). Einst war im Valentinskamp eines der beliebtesten Tanz- und Konzertlokale ansässig, Tütjes Etablissement (die weißen Häuser mit der Hausnummer 40-42). Carl Philipp Emanuel Bach spielte im „Concertsaal auf dem Kamp“ seine Montags- bzw. Mittwochskonzerte, und auch Georg Philipp Telemann hatte mehrere Aufführungen seiner Kompositionen. Der Saal war bei den Musikern wegen der guten Akustik begehrt, bei den Zuschauern wegen der Beheizbarkeit des Raumes. Gehen Sie nun direkt in den Bäckerbreitergang (8). Hier wohnten Brahms' Eltern nach ihrer Heirat 1830, Brahms' Schwester Elise wurde hier 1831 geboren. Die Miete betrug damals 70 Mark Hamburger Courant, eine Mark Courant entsprach 1,20 Reichsmark. Die Erdgeschosswohnung wurde als Bude bezeichnet, in den so genannten Sahl (er wird tatsächlich so geschrieben) im ersten Obergeschoss gelangte man über einen separaten Hauseingang.

*Das Brahms-Denkmal von Maria Pirwitz auf dem Johannes-Brahms-Platz vor der Laeiszhalle.*

Biegen Sie nun nach links in den kleinen Weg vor dem grauen Zaun am Parkplatz in die Speckstraße (ohne Straßenschild) (9), durch die Sie bis ans Ende gehen. Von hier zweigte nach rechts eine kleinere Straße ab, der Specksgang, in der Johannes Brahms am 7. Mai 1833 geboren wurde. Die Familie Brahms wohnte hier von 1831 bis 1833. Das Geburtshaus wurde leider im Zweiten Weltkrieg zerstört.

📖 Brahms übte in der Pianofortefabrik der Firma Baumgardten und Heins am Pferdemarkt, dem heutigen Gerhart-Hauptmann-Platz. Dort durfte er sich, wenn er zu seinen Übungsstunden erschien, ein Instrument aussuchen und vor Ort üben.

Gehen Sie nun von der Speckstraße rechts in die Caffamacherreihe (10), die nach den hier hergestellten Damaststoffen („Caffa") benannt wurde. Wenn Sie noch einen kleinen Schwenk nach rechts machen, stehen Sie vor dem im Grün versteckten Johannes-Brahms-Gedenkstein, der ein Medaillon mit dem Kopf des Künstlers (geschaffen 1971 vom Bildhauer Egon Lissow) und darunter einen Text zum Geburtshaus zeigt. An der rechten Seite befindet sich ein Nachguss der Gedenktafel, die bis 1943 über dem Eingang seines Geburtshauses hing, an der linken Seite sehen Sie eine Abbildung des Hauses.

Auf dieser Straßenseite in Richtung Fuhlentwiete steht das 1954 errichtete Axel-Springer-Verlagshaus, an dessen Stelle sich einst der Conventgarten befand. Der Andrang hier war so groß, dass es um ein Ball- und Konzerthaus erweitert wurde. Seitdem gab die Philharmonische Gesellschaft dort ihre Konzerte. Richard Wagner, Clara Schumann, Gustav Mahler und Wilhelm Furtwängler traten hier auf. Auch Johannes Brahms hatte hier einen Auftritt, am 2. Dezember 1859 leitete er ein Konzert, bei dem der Hamburger Frauenchor sein „Ave Maria" für Frauenchor mit Orchesterbegleitung op. 12 sang. 1943 wurde das Konzerthaus von Bomben zerstört.

📖 Als die Stieftochter von Johann Strauß Brahms um ein Autogramm bat, kam er diesem Wunsch selbstverständlich nach. Auf den Fächer der jungen Dame schrieb er die Anfangsnoten des Liedes „An der schönen blauen Donau", das ihr Stiefvater komponiert hatte. Dann schrieb Brahms weiter: „Leider nicht von – Johannes Brahms", und die junge Dame hatte das gewünschte Autogramm.

Gehen Sie nun zurück zum Valentinskamp und biegen rechts ab. Nach wenigen Minuten erreichen Sie den Gänsemarkt (11), der nach einem Herrn Gosen benannt wurde, der hier ein Grundstück besaß. „Gosens Mark" bezeichnet einfach die Abgrenzung zu anderen Grundstücken. Am Gänsemarkt wurde 1678 ein Opernhaus eröffnet, das bis 1738 betrieben wurde. Von 1722 an hatte Georg Philipp Telemann die Leitung inne. Während dieser Zeit brachte er einige Opern seines Freundes Georg Friedrich Händel zur Aufführung. Händel kam 1703 nach Hamburg und begann an der Oper am Gänsemarkt als zweiter Geiger, später spielte er das Cembalo. 1705 wurde seine Oper „Almira" aufgeführt, weitere Opernkompositionen folgten.

📖 Bei einem Duell auf dem Gänsemarkt standen sich 1705 zwei musikalische Persönlichkeiten gegenüber: Georg Friedrich Händel und Johann Mattheson. Händel war damals Cembalist des Opernorchesters, Mattheson agierte zugleich als Komponist, Sänger und Schauspieler. Als Mattheson nach seinem eigenen Auftritt die Sänger und Musiker selbst mit dem Cembalo begleiten wollte, war Händel damit nicht einverstanden und wurde prompt vom Komponisten zu einem Duell vor dem Theaterhaus herausgefordert. Ein Knopf an Händels Rock, an dem der Degen Matthesons zerbrach, verhinderte Schlimmeres. Später versöhnten sich die beiden wieder.

Gehen Sie weiter in die Dammtorstraße (12) zur nächsten Station, der Hamburgischen Staatsoper. Sie wurde 1955 eröffnet und hat Plätze für 1.679 Zuschauer. Die Intendanten Günther Rennert und Rolf Liebermann führten das Opernhaus zu internationalem Ruhm. Als ruhmreich ist auch die Arbeit John Neumeiers als Direktor des Ballettensembles zu beurteilen. Seit 1973 ist er am Opernhaus tätig. Vorgänger der Staatsoper an diesem Platz war das Stadttheater, das 1827 vom Gänsemarkt hierher zog. 1844 triumphierte hier der damalige Hofkapellmeister von Dresden, Richard Wagner, mit seiner Oper „Cola Rienzi, der letzte der Tribunen" im Stadttheater. Der 31 Jahre alte Komponist dirigierte persönlich und musste nach jedem Akt Jubel und Applaus entgegennehmen. Auch Niccolo Paganini, Franz Liszt und Jenny Lind, bekannt als die schwedische Nachtigall, rissen die Besucher zu Jubelstürmen hin. Im April 1882 dirigierte Johannes Brahms hier sein „Deutsches Requiem". Ab 1906 versetzte Enrico Caruso die Hamburger in Verzückung.

An der Vorderfront des Gebäudes der Hamburgischen Staatsoper befindet sich eine von der Gustav-Mahler-Vereinigung gestiftete Gedenktafel. Der Komponist Gustav Mahler war von 1891 bis 1897 Erster Kapellmeister am Stadttheater in Hamburg.

☞ In Hamburg wohnte Mahler zeitweise in einer Wohnung an der Bundesstraße 10, am Rand des damaligen jüdischen Viertels. Die Gustav-Mahler-Vereinigung hat dort eine Tafel zum Gedenken an den Musiker angebracht. In der Zukunft soll die Wohnung als Museum hergerichtet und der Öffentlichkeit zugänglich gemacht werden, um den Komponisten und seine Hamburger Zeit nicht in Vergessenheit geraten zu lassen.
Gustav-Mahler-Vereinigung e.V. Hamburg
Überseering 9
Telefon: 040-280 28 58

*Der Gustav-Mahler-Park wurde 1991 auf Initiative des Hamburger Senats eröffnet.*

Überqueren Sie die Große Theaterstraße und folgen der Dammtorstraße, durch die Sie Richtung Stephansplatz gehen. Im Dammtorwall 29 auf der anderen Straßenseite wohnte Johannes Brahms als Kind; auch dieses Haus ist nicht mehr erhalten. Überqueren Sie nun die Esplanade und gehen den Dammtordamm in Richtung Cinemaxx-Kino. Die letzte Station dieses Rundgangs, die nun zu einer kleinen Rast einlädt, ist der 1991 auf Initiative des Hamburger Senats eröffnete Gustav-Mahler-Park (13). Die antiken Figuren an den Ecken des Friedrich-Schiller-Denkmals stehen für lyrische Poesie (mit der Leier unten rechts), dramatische Poesie (Dolch, links), Philosophie (Feder und Buch) und Geschichte (Schreibtafeln).

# *Quer durch Wilhelmsburg*

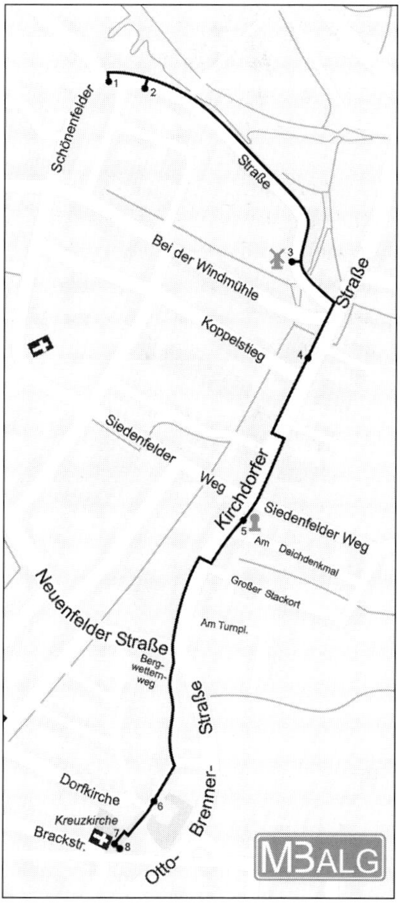


*Ausgangspunkt:*
Schönenfelder Straße 33
*Dauer:* 1 Stunde
*Stationen:*
Schönenfelder Straße:
Bauernhaus Nr. 33 (1),
Bauernhaus Nr. 41 (2),
Windmühle „Johanna" (3),
Kirchdorfer Straße (4),
Deichdenkmal (5),
altes Amtshaus –
Museum der Elbinsel
Wilhelmsburg (6),
Kreuzkirche (7),
alter Dorfkrug (8)

Wilhelmsburg ist die größte Flussinsel Europas, eingebettet zwischen Norder- und Süderelbe. Eine Sage erzählt, dass ein Riese namens Wils am Wilseder Berg in der Lüneburger Heide lebte. Er interessierte sich für die schöne Tochter eines Riesen, der am anderen Ufer der Elbe lebte. Da Wils immer mit dreckigen Stiefeln zu Besuch kam (weil er ja durch das sumpfige Elbgebiet gehen musste), wollte die Schöne nichts mit ihm zu tun haben. Darüber war er so erbost, dass er einen halben Berg aus dem Harz holte, wieder zurücklief und, als er am Schwarzen Berge war, auf das Haus der Schönen zielte. Dabei aber fiel er hin, wurde von der Erde begraben und erstickte. Die Elbe jedoch musste sich durch die Erdmassen einen neuen Weg suchen und so sollen die Inseln und die beiden Elbarme entstanden sein.

Bewohnt war das Land mit den vielen Inseln schon im 12. Jahrhundert. Durch schwere Sturmfluten veränderte sich die Lage der Inseln und Wasserläufe. Erste Eindeichungen begannen mit dem „Alten Feld" (Stillhorn) 1333 durch die Schacken, ein Lüneburger Burgmannengeschlecht. Die Groten, ebenfalls ein Burgmannengeschlecht aus dem Lüneburgischen, erwarben im 14. Jahrhundert das Land und deichten u.a. das Schöne Feld, das Siede Feld und das Neue Feld ein. Von ihnen kaufte Herzog Georg Wilhelm von Braunschweig-Lüneburg 1672 die Ländereien. Er deichte Stillhorn, Georgswerder und Rotehaus mit den Inseln zusammen, die ihm schon gehörten, gab diesem Gebiet den Namen „Herrschaft Wilhelmsburg" und machte es seiner Tochter Sophie Dorothea zum Geschenk. Sie wurde damit „fürstenfähig" und Kaiser Leopold erhob sie zur „Reichsgräfin von Wilhelmsburg". Mit 16 Jahren wurde sie mit ihrem Cousin Georg-Ludwig von Hannover verheiratet. Das Paar bekam zwei Kinder, die Tochter Sophie Dorothea und den Sohn Georg. Die Gräfin wurde 1694 von ihrem Mann geschieden und in die Verbannung auf Schloss Ahlden geschickt. Zwanzig Jahre danach bestieg ihr Mann als König Georg I. den Thron von England, ihr Sohn wurde König Georg II. Ihre Tochter heiratete den Berliner Soldatenkönig Friedrich Wilhelm I. Deren Sohn Friedrich II. ging als Friedrich der Große in die Geschichte ein. Die Gräfin von Wilhelmsburg wird auch als die „Mutter der Könige" bezeichnet und ist die Vorfahrin des englischen Königshauses. In Wilhelmsburg erinnern u.a. die Georg-Wilhelm-Straße, der Sophie-Dorothea-Stieg und der kleine Eleonorenweg an die ehemaligen „Herrschaften".

Nach dem Tod Herzog Georg Wilhelms im Jahre 1705 wurde Wilhelmsburg zum Amt, das 1859 mit Harburg vereinigt wurde. 1925 wurde Wilhelmsburg dann zur kreisfreien Stadt und 1927 mit Harburg zu einer „Doppelstadt" zusammengeschlossen. Seit 1937 ist

Wilhelmsburg der flächenmäßig größte Stadtteil von Hamburg, der sich durch ein vielfältiges Stadtbild auszeichnet. Im Westen gibt es den Hafen und das Industriegebiet, im Zentrum die Wohngebiete, und im Osten herrscht noch die Landwirtschaft vor.

Der Rundgang beginnt vor dem Haus Schönenfelder Straße 33 (1). Der Straßenname bezeichnet das ehemalige „Schöne Feld", das sehr fruchtbaren Marschboden aufwies und 1491 eingedeicht wurde. Wilhelmsburg war für seine Milchwirtschaft und den Gemüseanbau bekannt. An der Schönenfelder Straße, Auf der Höhe und am Buscher Weg waren Gemüsebauern ansässig, ebenso in Neuhof und Reiherstieg. Dort gab es die „Petersilien-Post", ein Zusammenschluss von Bauersfrauen aus Neuhof, die mit einem Ewer oder Kahn über den Reiherstieg, die Elbe und durch die Fleete nach Hamburg ruderten, um dort ihr Gemüse zu verkaufen. Und da sie immer die neuesten Nachrichten aus der Stadt mitbrachten, hießen sie Petersilien-Post. Die Überfahrt verkürzten sie mit Singen: „Frische Petersil, Suppenkrut und Knulln, de ersten Nehoffer Maireuben, den besten Wilhelmsborger Kool, de wart opp'n Hoppenmark goot betoolt." Die Petersilien-Damen nahmen keine Ware wieder mit nach Hause, eher verkauften sie sie zu einem geringeren Preis oder verschenkten sie.

Auch wenn es sich für uns heutzutage romantisch anhört, mit einem kleinen Boot über die Elbe zu fahren, war es damals für die Frauen sehr harte Arbeit. Wenn die Frauen nicht nach Hamburg fuhren, arbeiteten sie auf dem Feld, schafften das Gemüse in Körben auf den Hof und bereiteten es für den Verkauf vor: Rüben, Rettiche, Porree, Kohl, Gurken, Salat, Suppenkraut, Petersilie, Erbsen und Bohnen mussten geputzt, gereinigt oder gewaschen, eingepackt und verladen werden. Und neben ihrer schweren Arbeit galt es auch noch, die vielen Kinder und den Haushalt zu versorgen.

Die Schönenfelder Straße verläuft auf dem alten Deich, der damals den Weg vorgab. Vor dem Deich ist noch ein kleiner Streifen Land, der an die Dove Elbe stößt. Um 1680 standen in dieser Straße 13 nach niedersächsischer Art gebaute Bauernhäuser. Das Modell eines dieser Häuser ist im Heimatmuseum in der Kirchdorfer Straße zu sehen. Das Haus Nr. 33 wurde 1690 gebaut und ist das älteste Fachwerkgebäude in Wilhelmsburg. Es trägt noch die alten Inschriften, wie sie an den meisten Wilhelmsburger Bauernhäusern zu finden waren. Die Balkensprüche gaben zumeist das Jahr des Hausbaues und die Namen der Besitzer bzw. Erbauer an. Auch biblische Sprüche oder Verse aus Gesangbüchern wurden in das Holz geritzt. Diese Inschrift ist doppelzeilig, meist waren sie jedoch einzeilig.

*Das Bauernhaus Schönenfelder Straße 33 ist das älteste Fachwerkgebäude in Wilhelmsburg.*

Gehen Sie weiter bis zum nächsten Bauernhaus, es steht auch auf der rechten Straßenseite mit der Nummer 41 (2). Es ist das ehemalige „Timmannsche Bauernhaus" und gehörte mit seinen zeitweise mehr als 20 Hektar Besitz zu den schönsten Anwesen in Wilhelmsburg. Da die ersten Eindeichungen hier im 15. Jahrhundert stattfanden, wird auch die Gründung dieses Hofes um diese Zeit vermutet. Das heutige Haus stammt von etwa 1825 und war lange Zeit im Besitz der Familie Timmann.

Der Rundgang setzt sich nun bis zur links gelegenen Schulzenbrücke fort. Auf dem Weg dorthin ist gut zu erkennen, dass die Straße aus einem Deich entstand. Gleich neben der Brücke wurde das Land vom Wasser weggespült, das Wasser reicht direkt an den ehemaligen Deich. Die Brücke führt über die ehemals „Alte" bzw. „Stillhorner Elbe", heute die „Dove Elbe" genannt, denn dies ist mittlerweile ein tauber („dover") Nebenarm der Elbe, nachdem in Wilhelmsburgs Osten bzw. Westen Deiche gebaut wurden (Sperls- und Honartsdeich). Einstmals war dieser Flusslauf ein großer und wichtiger Elbarm, an dem die Gemüsebauern ansässig waren. Denn wenn die Elbe über die Ufer trat, blieb immer etwas Elbsand auf dem Land zurück und das ergab einen lockeren, fruchtbaren Marschboden, der ideal für den Gemüseanbau war. Die Bauern waren überwiegend Höfner, die neben ihrem Hof viel Land besaßen, oder Kötner, die sehr viel weniger Land besaßen. 1614 gab es in Stillhorn 43 Höfner und 35 Kötner, 1720 waren es 44 Höfner und 88 Kötner. In der Schönenfelder Straße standen in den vergangenen Jahrhunderten einige Koten und Höfe, deren Besitzer stetig wechselten. Nur einige wenige Höfe blieben über mehrere Generationen in derselben Familie.

Auf der gegenüberliegenden Uferseite erstreckt sich das Hövelgebiet, das sehr hügelig war. Dort standen von 1864 bis 1912 große Holzschuppen der Firma Schilling und Lohmann mit der Aufschrift „Block Eis“. Wenn das Wasser im Winter gefroren war, „erntete“ man aus der Dove Elbe Eisschollen, zerkleinerte sie und transportierte sie mit Förderbändern in die Schuppen. Dicke Torfschichten verhinderten das Auftauen des Eises. Gewerbetreibende wie Schlachter oder Hotels kauften im Sommer die Eisstücke zum Kühlen ihrer leicht verderblichen Ware.

Von der Brücke gehen Sie in der Schönenfelder Straße weiter in Richtung Mühle. Vorbei geht es an einem hölzernen Schuppen auf der rechten Seite. Auch hier stand einst ein Bauernhaus, das 1942 zerstört wurde. Auf der linken Seite, direkt gegenüber an der Dove Elbe, befand sich im 20. Jahrhundert eine Badeanstalt. Die Badezeit war aufgeteilt: Mädchen von 14 bis 17 Uhr, Jungen von 17 bis 20 Uhr. Hinter den Häusern auf der rechten Seite erstreckten sich bis vor kurzem noch weite Felder. Derzeit entsteht hier eine neue Wohnsiedlung im Rahmen der europäischen Solar-Bauausstellung.

Sobald Sie um die Kurve gebogen sind, haben Sie einen Blick auf die prachtvolle Windmühle „Johanna“ (3). Sie ist zu Recht das Wahrzeichen der Insel und steht seit 1941 unter Denkmalschutz. Die Mühle steht auf einer alten Wurt, einer Erderhöhung. Ihr Bau wurde notwendig, da die Bauern das Korn nicht länger per Boot in das weit entfernte und schwierig zu erreichende Hamburg bzw. Harburg bringen und mit dem gemahlenen Korn wieder zurückkommen konnten. 1585 wurden eine Mühle mit Kornhaus und eine Müllerwohnung an dieser Stelle erstmals erwähnt. Die hier ansässigen Groten verpachteten die Mühle, die 1705 wegen Baufälligkeit abgerissen und durch eine neue Bockwindmühle ersetzt wurde, bis diese 1718 niederbrannte. Die neu aufgebaute Mühle erlebte mehrere Besitzerwechsel. In Wilhelmsburg gab es den „Mahlzwang“, das heißt, die Anwohner mussten ihr Korn hier mahlen lassen.

*Die Schönenfelder Straße verläuft auf dem ehemaligen Deich.*

🕮 Der damalige Müller Christoph Bünso begann nach der Flut von 1756, Brot zu verkaufen, ohne dafür eine Genehmigung zu haben. Dagegen wurde natürlich Einspruch erhoben, doch die Gemeindevorsteher waren der Meinung, dass es nicht schlecht sei, zwei Bäckereien am Ort zu haben. Doch als es für den Müller hieß, eine Konzessionsgebühr zu zahlen, verging ihm plötzlich die Lust am Backen.

Im März 1813 brannten die Franzosen die Mühle nieder, um ihren Rückzug zu decken, und die Wilhelmsburger mussten wieder nach Harburg oder Hamburg zum Mahlen. Im Dezember 1814 errichtete man erstmals eine Galerie-Holländerwindmühle. Auch ein Müllerhaus stand gegenüber der Mühle zur Verfügung. Dort befand sich eine Bäckerei, eine Brücke führte von der Straße direkt zu einer Tür im Obergeschoss, die später durch ein Fenster ersetzt wurde. Über diese Brücke wurden die Säcke ins Haus und dann an der Rückseite zum Mühlenfleet gebracht und zum Abtransport in einen Kahn verladen. Das Haus ist noch erhalten und wird als Wohnhaus genutzt.

*Die Windmühle im Jahre 1923, der damalige Müller Röbcke steht auf der Galerie, vor der Mühle sitzt seine Frau mit den Kindern und Nachbarn.*

1874 brannte die Mühle abermals ab und wurde ein Jahr später wieder errichtet. 1935 kaufte Erwin Sievers die Mühle, die sich in einem sehr schlechten Zustand befand. Er und seine Frau Johanna brachten sie wieder auf Vordermann. Bis 1945 lief die Mühle nur mit zwei Flügeln, nach einem Bombenangriff verlor sie auch diese beiden und konnte nur noch mit einem Elektromotor angetrieben werden. Die Reparaturarbeiten begannen ab 1953. Die Galerie, die Windrose und die Flügel wurden erneuert und 1955 im Rahmen eines Festes feierlich eingeweiht. 1961 verkauften die Eheleute Sievers die Mühle an die Stadt Hamburg, weil sie keine Nachkommen hatten. Der Mühlenbetrieb wurde eingestellt und das Gebäude zeitweise als Lager- und Wohnhaus genutzt. Ab 1987 nahm sich der Verein für Heimatkunde und seit 1992 der neu gegründete Wilhelmsburger Windmühlenverein der Mühle an. 1998 wurde die Mühle nach einer gründlichen Restaurierung wieder in Betrieb genommen. Zu diesem Anlass bekam sie auch erstmals einen Namen: „Johanna“, nach der letzten Müllerin. Johanna Sievers wohnte in einem kleinen Häuschen gleich neben der Windmühle, sie starb kurz vor ihrem 100. Geburtstag im Jahr 2004.

Bei einem Rundgang durch die Mühle wird schnell deutlich, dass die Müller keine leichte Arbeit zu verrichten hatten. Die Mühle hat vier Mahlgänge mit je zwei Mahlsteinen: einem Bodenstein oder Unterlieger, der fest steht, und einem Läufer, der sich auf dem Bodenstein dreht. Zwei Mahlgänge sind restauriert worden: Einer wird vorrangig für die Weizenvermahlung genutzt, der andere für die Roggenvermahlung. Auf dem Mahlgang befindet sich ein Trichter, in den das Mahlgut hineingeschüttet wird. Der Läufer hat ein Loch in der Mitte – das Auge – damit die Körner zwischen die Steine gelangen. Beim Drehen der Steine werden die Körner zermahlen und gleichzeitig an den Rand der Steine transportiert, um dann durch einen Schacht auf den Mehlboden zu fallen, wo das Mehl in Säcke abgefüllt wird. Der Lohn des Müllers bestand aus etwa einem Fünfzehntel des gemahlenen Korns, dem so genannten Matten, das in die Mattenkiste kam. Waren früher die Flügel mit Segeltuch bespannt, haben sie heute Jalousieklappen (je 26 an einem Flügel), die je nach Windstärke eingestellt werden können.

☞ Wenn Sie Ihren Rundgang auf einen Sonntag legen, können Sie nach Kaffee und Kuchen das Innenleben der Mühle besichtigen. Das Mühlencafé ist am ersten Sonntag eines Monats geöffnet. An jedem vierten Donnerstag im Monat lädt das Seniorencafé ein.
Die genauen Öffnungszeiten entnehmen Sie bitte dem Faltblatt „Hamburgs Erlebnis-Mühlenmuseum – Veranstaltungen“ oder dem Internet unter www.windmuehle-johanna.de. Weitere Informationen zur Mühle und zu Gruppenführungen kann Ihnen der 1. Vorsitzende des Windmühlenvereins Carsten Schmidt unter Telefon 040-754 38 45 geben.
Windmühle Johanna
Schönenfelder Straße 99a
Führungen nach Vereinbarung

Die Schönheit der Insel genossen in früheren Zeiten auch die „Städter“ aus Hamburg. Sie unternahmen so genannte Wasserlustfahrten über die Elbe und durch die Kanäle und statteten dabei den Wilhelmsburger Gemüsebauern und Milchhändlern, die sie aus Hamburg kannten und die mit ihren farbenfrohen Trachten nicht mehr aus dem Stadtbild wegzudenken waren, einen Besuch ab.

Wenn Sie nun die Schönenfelder Straße verlassen und ein paar Schritte nach links bis zum Haus Kirchdorfer Straße 48 gehen, stehen Sie vor dem ehemaligen Gasthaus „Zur großen Schmiede“. Die Große Schmiede wurde bereits 1672 erwähnt. In Kirchdorf gab es auch noch eine Kleine Schmiede. Da die Große Schmiede hier am alten Postweg zwischen Hamburg und Harburg lag, hatte sie regeren Zulauf. Insgesamt gab es an der Straße, die die gesamte Insel durchquerte, fünf Schmieden und zehn Gastwirtschaften. Gleich bei den Schmieden war auch meist eine Gastwirtschaft zu finden. Außerdem siedelten sich hier Bauern, Müller und Melker sowie Schmiede, Böttcher und Schuster an. Knapp zehn Schuster gab es im Jahre 1716. Böttcher hatten in früherer Zeit viel für die Melker und Bauern herzustellen: Eimer, Tonnen, Butterfässer und -mulden, hölzerne Butterformen, -messer und -löffel, Milchkellen und vieles mehr.

Der Rundgang führt jetzt in der Kirchdorfer Straße (4) zurück, an der Schönenfelder Straße und der Straße Bei der Windmühle vorbei und dann immer geradeaus. Sie gehen an der ehemaligen Hauptstraße entlang bis zum früheren Dorfkern in Kirchdorf und passieren dabei mehrere kleine Straßen. Links befindet sich der kleine Deichgrafenweg. Die Deiche hatten und haben einen hohen Stellenwert in Wilhelmsburg. Erst als das Gebiet eingedeicht war, konnte es bewohnbar gemacht und bewirtschaftet werden. Früher hatte jeder Grundstückseigentümer den Deich an seinem Grundstück, sein Kabel, in Stand zu halten. „Wer nicht will deichen, der muss weichen!“ war ein geflügeltes Wort. Konnte er für die Deicherhaltung nicht mehr aufkommen, steckte er einen Spaten in den Deich als Zeichen, dass er diesen Deich abgeben wollte (oder musste). Der, der den Spaten herauszog, übernahm dann das Land, aber auch die Verpflichtung, für eine angemessene Deicherhaltung zu sorgen. Zweimal im Jahr, im April und Oktober, wurden die Deiche bei einer „Deichschau“ kontrolliert. Daran nahmen die acht Deichgeschworenen unter Aufsicht von Behördenvertretern teil. Zuvor jedoch musste ein Stackmeister eine „Vorschau“ machen: Er ging die Deiche zu Fuß ab und teilte seine Beobachtungen dem Deichvogt (wie ein Deichgraf in Wilhelmsburg hieß) mit.

Der Rethweg verweist auf das Schilfrohr zum Decken von Reetdachhäusern. Es wuchs hier in den Gräben und kleinen Wasserläufen, oder wurde aus der näheren Umgebung hergebracht. Im Winter wurde es „geerntet“, d.h. bei Eisgang abgeschnitten und dann in Bündeln gestapelt. Zum Reinigen und um die Blätter von den Halmen zu lösen, kämmte man das Reet mit einem Kamm. Dann brachte man

*Die Kirchdorfer Straße war früher der Hauptweg quer über die Insel.*

die Halme auf eine Länge. Der Dachdecker verteilte das Reet auf den Dachlatten und befestigte es mit einem an einer gebogenen Nadel hängenden Draht oder Kokosfaden, den er hinter den Dachlatten und dann durch das Reet durchführte. Bis heute gibt es hier kleine Landstücke zwischen den Straßen, die mit Reet bewachsen sind.

Der Siedenfelder Weg bezeichnet das „Siede Feld", also das seichte oder niedrige Feld – das niedrigste in Wilhelmsburg. Erst als das „Schöne Feld" und das „Siede Feld" eingedeicht wurden, waren sie sicher zu bewirtschaften. An die ersten Eindeichungen von 1333 erinnert das Deichdenkmal (5), die nächste Station des Rundgangs. Es befindet sich im Park zwischen den Straßen Siedenfelder Weg und Am Deichdenkmal. Ein Relief zeigt die Deichentstehungen der Insel mit den entsprechenden Jahreszahlen. Als die Deiche wieder einmal brachen – im Februar 1962 – kamen über 300 Menschen zu Tode, die meisten in Wilhelmsburg. Der Opfer der Flutkatastrophe wird mit einem weiteren Denkmal gedacht.

Folgen Sie wieder dem Verlauf der Kirchdorfer Straße, links liegt der Große Stackort. Damit die Deiche nicht brechen konnten, gab es Stacker. Sie waren dafür zuständig, die Ufer zu befestigen. Der Ursprung des Wortes „stacken“ wird im plattdeutschen „steeken“ vermutet, was soviel bedeutet wie „Pfähle stechen“. Die Pfähle wurden durch Strauchmatten gesteckt und in die Ufer geschlagen. So erinnert der Große Stackort an das Stacken, obwohl es direkt hier gar kein Elbufer gab.

Bevor Sie die Neuenfelder Straße bei der Ampel überqueren, werfen Sie einen Blick nach links über die Otto-Brenner-Straße. Vor der Hochhaus-Siedlung Kirchdorf-Süd liegen Wiesen und Felder, die von Gräben durchzogen sind und ein Bild von der Landschaft erahnen lassen, wie sie hier vor hunderten von Jahren überall vorzufinden war.

Nach der Neuenfelder Straße kommt rechts der kleine Bergwetternweg. „Wettern“ sind kleine Wasserläufe, die aus den alten Entwässerungsgräben entstanden. Die Bergwettern verlaufen vom höher gelegenen Gebiet des alten Dorfkerns in die Mühlenwettern, die an der Mühle vorbeiführen. Im 19. Jahrhundert standen an der Kirchdorfer Straße nur zwei Höfe. Einer gehörte dem Kantor Johann Hinrich Konrad Riechelmann, dem Namensgeber des Riechelmannwegs. Der andere Hof, „Heins Hus“, stand an der Stelle, wo sich heute das Deichdenkmal befindet.

Durch die Fußgängerzone geht es nun auf den alten Dorfkern zu, der vom Amtshaus, der Kirche, dem Dorfkrug und der Dorfschule gebildet wurde. Das Amtshaus (6) befindet sich links auf der früher als Roggenberg bezeichneten Erhöhung, es ist noch immer vom alten Burggraben umgeben. Gebaut wurde es 1724 auf den Grundmauern des alten Schlosses, das die Groten hier um 1600 errichteten.

Neben dem Amtshaus gab es eine kleine Braustube, die ab 1679 mit Elbwasser versorgt wurde. Dafür wurde extra ein Brausielgraben von der Elbe bis in den Burggraben errichtet. Diesen gibt es auch heute noch, er verläuft parallel zur Otto-Brenner-Straße. Damals war es den Wilhelmsburger Bürgern verboten, Bier aus Hamburg zu trinken, um den Absatz der eigenen Brauerei zu fördern. Doch die Wilhelmsburger ließen sich das nicht verbieten und versteckten das gute Hamburger Gebräu im Garten oder Keller.

1735 wurde ein neues Brauhaus gebaut, in dem auch der Braumeister seine Stube und Kammer hatte. Das neue Haus war drei Stockwerke hoch, wobei sich in den oberen Stockwerken der Darr- und der Malzboden sowie die Hopfenkammer befanden. Unter dem Brauhaus war der Bier- und Malzkeller mit drei Tonnengewölben. In der kupfernen Braupfanne wurde neben dem gewöhnlichen Bier auch das so genannte „Broihan“, ein Dünnbier, gebraut, benannt nach seinem Erfinder Broihan. Gebraut wurde hier bis 1806, in den folgenden Jahren verfiel das Gebäude und wurde 1830 abgerissen.

☞ Seit 1948 ist das Museum der Elbinsel im alten Amtshaus untergebracht. Hier können Sie Arbeitsgeräte von Melkern und Bauern, eine vollständig eingerichtete Bauernstube und noch vieles mehr aus früheren Tagen besichtigen. Weitere Ausstellungen informieren über die Landwirtschaft, die Deichgeschichte, einheimische Tiere und den Schiffbau.
Museum der Elbinsel Wilhelmsburg
Kirchdorfer Straße 163
1. April bis 31. Oktober, jeden Sonntag von 14 bis 17 Uhr.
Der Eintritt ist frei. In der Kaffeestube wird selbst gemachter Kuchen angeboten.

Um 1800 herrschte in Wilhelmsburg fruchtbare Weidelandschaft vor. Die Bauern betrieben Viehzucht und versorgten die umliegende Gegend mit Milch. Seit 1635 ist belegt, dass ein Wilhelmsburger Milchhändler mit seinem Ewer nach Hamburg fuhr, um dort Milch zu verkaufen. In der Hochphase der Milchproduktion verkauften 120 Familien hauptberuflich ihre Milch in Hamburg. Melker oder

*Das Amtshaus Wilhelmsburg steht an historischer Stelle.*

Milchhändler wurden oftmals die Zweitgeborenen einer Bauernfamilie, die den Hof des Vaters nicht erbten. Die Milchhöker, wie sie auch genannt wurden, hatten schwere Arbeit zu leisten: Im Sommer wurden die Kühe auf der Weide gemolken, im Winter im Stall, wobei jeder Melker immer dieselben Kühe betreute. Die Milch wurde in kleine Handeimer gemolken, und wenn sie voll waren, in größere Eimer gegossen. Waren diese gefüllt, wurden sie mit einem geschulterten Trageholz, der Dracht, an dem rechts und links ein Eimer hing, zum Hof geschleppt. Dort wurde die Milch durch ein Seihtuch in eine Tonne gegossen, damit kein Schmutz in der Milch blieb. Die Tonne wurde mit einem Holz- oder Korkstopfen verschlossen, damit die Milch nicht herausschwappte, und zum Ewer getragen. Mehrere Melker teilten sich einen Ewer. Früh am Morgen setzten sie über die Elbe. Milchewer waren etwa acht Meter lange Segler mit geringem Tiefgang. Ihre roten Segel leuchteten weithin über die Elbe und kündigten die nahenden Melker an. Anlegestellen in Hamburg waren unter anderen am Deichtor, Baumwall, Rödingsmarkt oder Grasbrook.

Wenn die Elbe zugefroren war, fuhren die Melker mit dem Schlitten über die Elbe, „de Elv steiht" („die Elbe steht") sagten sie dann. Die Fahrt über die Elbe nach Hamburg dauerte im Sommer je nach Tide mindestens eine Stunde, im Winter sogar drei. In Hamburg wärmten sich die Melker in einer Wirtsstube wieder auf. Sie tranken dann einen ganz besonderen Rumgrog, der mit Ingwer versehen war und Petum genannt wurde. Diese Zeit brauchte auch die Milch, um wieder aufzutauen, bevor sie verkauft werden konnte. Die Höker priesen ihre Milch immer mit Sprüchen an: „Frische Melk, Boddermelk un Käs, all'ns billig un frisch, jü kriegt se nich billiger hüt op den Disch." Oder: „Boddermelk ut den Kübel verdrifft all dat Übel, Kömkäs un Quark, dat mokt stark, beten Bodder dor ünner, fallt de Quark nich rünner."

Manchmal wurde den Melkern vorgeworfen, die Milch mit Wasser zu verdünnen. Das wurde auch im Sprichwort deutlich: „Sin beste Koh is de Pump", also die Wasserpumpe, die auch als „Kuh mit dem eisernen Schwanz" bezeichnet wurde. Bei Gelegenheit ließen die Melker die Milch schon einmal „taufen": Wenn es regnete, vergaßen sie einfach, die Eimer mit Deckeln zu verschließen.

Wurde die Milch nicht verkauft, kam sie zum Rahmen in eine Milchbütte, eine flache hölzerne, später eiserne Wanne. Zum Buttern benutzte man schlanke Butterfässer, früher Bodderkarrn genannt. Es musste lange gestampft werden, bis sich die Butter bildete. Mit dem Butterlöffel wurde die Masse dann in hölzerne Butterformen, die mit schönen Verzierungen versehen waren, gedrückt. Zum Herstellen von

*Im Museum der Elbinsel steht auch ein alter Milchewer. Es war schon eine beachtliche Leistung, die Milchtonnen und Menschen bei jedem Wellengang über die Elbe zu bringen. Auch Gemüse und sogar das frisch gemähte, saftige Gras wurde mit den Ewern nach Hamburg gebracht. Die heutige Straße „Graskeller" in Hamburgs Innenstadt erinnert noch daran.*

Dickmilch verwendete man Milch, die in einen mit einem Tuch ausgelegten Dickmilchkorb gegeben wurde. Nach etwa zwei Tagen war die Dickmilch zum Verzehr geeignet und man aß sie als Vorspeise mit Zucker oder mit eingeweichtem Schwarzbrot.

Als Mitte des 19. Jahrhunderts eine Fähre eingerichtet und 1887 die Brücke über die Norderelbe errichtet wurde, benutzte man für Transporte Pferd und Wagen oder eine hohe Hand- bzw. Milchkarre mit zwei Rädern, die von einem Hund gezogen wurde.

Viele der alten Gerätschaften der Melker sind heute im Museum der Elbinsel Wilhelmsburg zu sehen. Außerdem landwirtschaftliche Geräte und Interessantes zur Wilhelmsburger Deichbaugeschichte sowie ein unscheinbarer Holzpfahl, der an einer Wand angebracht ist. Er soll von der Straßenbrücke stammen, die die Franzosen 1815 über die Elbe bauten.

📖 Der Ausspruch „Mach mir keine Fisimatenten" erinnert bis heute an die Franzosenzeit: Denn die jungen Soldaten forderten nicht selten die jungen hübschen Hamburger Damen auf: Visite ma tente – Besuch mein Zelt. Da hatten aber die Eltern der Mädchen etwas dagegen: „Mach mir nicht visite ma tente!"

Auch ein Blick in den 400 Jahre alten Keller des Museums lohnt sich. Gleich unter der Treppe befindet sich der Sarg von Thomas Grote. Er lebte von 1594 bis 1657 und war im 17. Jahrhundert Hausherr auf der Burg. Die Gewölbe gehören zum ursprünglichen Schloss aus dem Jahre 1620.

Neben Kühen hielt man in Wilhelmsburg auch Schweine. Nachdem die Tiere den Sommer über gemästet wurden, schlachtete man sie im Winter. Dafür zogen u.a. Schiffszimmermänner als Hausschlachter von Hof zu Hof, außerdem kamen Freunde und Verwandte, um zu helfen. Lebend wurde das Schwein auf den umgekehrten Trog gelegt, dann „betäubte" der Schlachter das Tier mit einer Axt. Danach wurde der Körper angestochen, sodass das Blut direkt in einen Eimer lief. Ein Helfer rührte das Blut um, damit es nicht gerinnen konnte. Nachdem das Tier mit heißem Wasser übergossen wurde, entfernte man mit Schabern die Borsten. Dann wurde der Tierkörper auf eine Leiter gelegt und festgebunden, aufgerichtet und gegen die Wand gelehnt oder, wenn ein Haken vorhanden war, an die Decke gehängt, um den Bauch aufzuschneiden und die Innereien zu entnehmen. Ein weiterer Schiffszimmermann mit einer Zusatzausbildung als Fleischbeschauer kam als „Trichinenkieker". Erst wenn er eine Bestätigung darüber ausstellte, dass das Schwein gesund war, konnte es weiterverarbeitet werden.

☞ Jeden November wird die alte Tradition des Schweineschlachtens an der Wilhelmsburger Mühle wieder belebt, dann findet dort das „Slachtfest an de Möhl" statt. Mittags beginnt das „Swien-Schatten" mit Grog, dann folgt das „Swien-wägen un Preisverdeelung", später wird das „Swien opsnieden".

Ein alter Brauch auf der Elbinsel ist das „Schweineschatten". Schatten bedeutet in diesem Fall „schätzen". Alle Nachbarn, Freunde und auch Fremde durften einen Tipp zum Gewicht des Schweins abgeben, den der Hausherr in eine Liste eintrug. Derjenige, der dem tatsächlichen Gewicht am nächsten kam, wurde „Schattkönig". Erst am nächsten Tag wurde das Schwein zerlegt und die Wurst gemacht: Mettwurst, Leberwurst, Grützwurst, Rosinen- oder Zungenwurst. Das Blut wurde zur Herstellung von Blutwurst genutzt.

Auch über den Gemüseanbau informiert das Museum der Elbinsel. Es gibt unterschiedliche Geräte zu sehen, die der Bauer für den land-

*An einer Wand im Museum der Elbinsel hängen unterschiedliche Pflanzer, die für verschiedene Gemüsesorten benötigt wurden.*

wirtschaftlichen Alltag, zum Ernten und Transportieren des Gemüses brauchte, wie „Pflanzer", deren unterschiedliche Zinkenabstände sich durch die Nutzung für verschiedene Gemüsesorten erklären. Pflanzer mit kurzen Zinken waren für trockene Erbsen, die in Kästen vorgezogen wurden, Pflanzer mit langen Zinken waren für drei bis fünf Zentimeter große Erbsenpflanzen, die in Beete gesetzt wurden. Der Rundpflanzer wurde für Stangenbohnen verwendet. Pflanzer mit größeren Abständen zwischen den Zinken waren z.B. für Porree oder Salat.

Auch die Grünhöker, also die Gemüsehändler, fuhren mit Ewern und später mit Wagen nach Hamburg und verkauften dort ihr Gemüse. Dazu benutzten sie die „Wilhelmsburger Federwagen". Die Federn neutralisierten das Kopfsteinpflaster beim Transport des empfindlichen Gemüses. Wenn der Wagen bis oben hin mit prall gefüllten Gemüsekörben gepackt war, spannte man noch ein Tuch darüber, das „Wagenlaken", und band es fest.

Ein weiterer Wilhelmsburger Berufszweig, der mit den Melkern zu tun hatte, war der der Schiffszimmerer. Sie reparierten nicht nur die Ewer und Kähne für die Melker, sie bauten sie auch, ebenso wie Möbel. So entstanden am Reiherstieg die Werften. Die erste errichtete der Schiffszimmermann Godeffroy, dessen Name in Hamburg eine lange Tradition hat. Da beim Bau von Schiffen nicht nur Schiffszimmerleute gebraucht wurden, zogen auch Angehörige anderer Berufsgruppen wie Schmiede und Segelmacher nach Wilhelmsburg. Die Schiffszimmerer waren sehr aktive Menschen; sie gründeten aus Pflichtbewusstsein und Sinn für Kameradschaft einen Sport- und einen Gesangverein, die Schiffszimmerer-Genossenschaft, die auch heute noch besteht, und ihre eigene Krankenkasse.

Auf dem Weg vom Amtshaus zur Fußgängerzone befindet sich rechts ein großer Stein mit einem Pferdekopf, der an die Wilhelmsburger Pferdezucht erinnert, die auch in den letzten Jahrhunderten hier betrieben wurde. Eine weitere Einkommensquelle auf der Insel war der Vogel- und der Fischfang.

Nun geht es zurück in die Fußgängerzone und links die kleine Anhöhe hinauf. Hier stand, dem Amtshaus gegenüber, noch bis ins 19. Jahrhundert ein Pranger, an den Verbrecher und Diebe mit eisernen Ketten angebunden wurden. Das geschah meistens sonntags, wenn die Einwohner auf dem Weg zur Kirche waren und an dem „Schandpohl" vorbeigehen mussten.

Oben auf der höchsten Stelle der Anhöhe erhebt sich die Kreuzkirche (7), Kirchdorfs sehenswertes Kleinod. 1388 errichteten die herrschenden Groten eine Pfarre und gründeten eine Kirche. Vorher mussten die Stillhorner über die Elbe nach Ochsenwerder, weil sie zum dortigen Kirchspiel gehörten.

📖 Als die Kirche in Stillhorn gebaut wurde, befürchtete der Pfarrer in Ochsenwerder einen Verdienstausfall für sich und seine Kirche. Er beschwerte sich und erreichte, dass die Stillhorner einen Ausgleich von sechs Mark Lüneburger Währung an die Pfarre in Ochsenwerder zu zahlen hatten: lebenslang und immer nach Weihnachten innerhalb einer Frist von zwölf Tagen. Sollten sie dieses versäumen, wäre am 13. Tag das doppelte, am 14. Tag das dreifache usw. fällig. Erst 1878 fragte sich die Gemeinde von Wilhelmsburg, warum sie die Abgaben an Ochsenwerder immer noch tätigte. Durch eine einmalige Zahlung von 270 Mark wurde dem ein Ende gesetzt.

Die Kreuzkirche war über lange Zeit die einzige auf der Insel, sodass die Einwohner auch von der anderen Seite der Insel hierher kommen mussten. Während die Herrschaften am Sonntag in der Kirche saßen und andächtig den Worten des Pfarrers lauschten, saßen die Kutscher

*Die Kreuzkirche Kirchdorf war lange Zeit das einzige Gotteshaus auf der Insel.*

in der Gaststube nebenan und tranken ein Bier. Von der Kanzel wurde jedoch nicht nur gepredigt, sondern es wurden auch alltägliche Neuigkeiten verkündet, z.B. dass ein Schwein entlaufen war. Wenn die

Möglichkeit besteht, dann gehen Sie in die Kirche hinein. In den Sommermonaten ist sie sonntags von 14 bis 16 Uhr für Besucher geöffnet.

Sie haben nun das Ende des Rundgangs erreicht. Die restlichen Informationen lassen sich auch gut bei einem kleinen Imbiss lesen. Im ehemaligen Dorfkrug (8), dem heutigen Gasthaus Sohre, gibt es ein Bauernfrühstück. Bratkartoffeln mit Eiern und Speck waren eine reichhaltige Mahlzeit für die Landwirte und ihre Angestellten nach einem langen Arbeitstag. Im Restaurant wird auch ein echter „Wilhelmsburger Deichbruch“ serviert. Dieser historische Kräuterschnaps, dessen Rezept geheim ist, wurde erstmals in den 1920er-Jahren von Nicolaus von Drateln hergestellt.

Gasthaus Sohre
Kirchdorfer Straße 167a
Telefon: 040-754 42 29
Mo.-Sa. 16-23 Uhr, So. 10-23 Uhr

Dort, wo sich heute das Gasthaus Sohre befindet, stand um 1370 die erste Burg der Groten. Als um 1620 eine zweite Burg an der Stelle des heutigen Amtshauses gebaut wurde, entstanden hier Wirtschaftsgebäude, zu denen auch ein Krug gehörte. Erst 1670 gab es eine schriftliche Beurkundung darüber, aus diesem Jahr stammt ein Vertrag, der den Verkauf des Kruges an Tewes Timmann besiegelt. 950 Mark sollte er mit Garten und Hofstätte kosten, außerdem zwei Taler Erbenzins und einen Fuder, also eine Wagenladung, Mist von jedem Rind und Pferd pro Jahr. Für das verkaufte Bier sollte Timmann eine Abgabe entrichten.

Tewes Timmann verkaufte in seiner Wirtschaft auch Weißbrot. Als ganz in der Nähe ebenfalls Brot erstanden werden konnte, beschwerte sich Timmann beim Amt. Was Timmann dabei aber nicht bedacht hatte, war, dass seine Konzession als Krugbesitzer – Krüger – überhaupt keine Erlaubnis zum Verkauf von Weißbrot beinhaltete. Und so musste er den Verkauf einstellen.

Wenn in der benachbarten Kirche eine Trauung stattgefunden hatte, kehrte die Gesellschaft nach der Zeremonie in den Dorfkrug ein. Eine beliebte Speisenfolge war Klütensuppe als Vorsuppe, dann

Hühnerragout, drei verschiedene Sorten Fleisch und als Nachspeise Pudding. Bevorzugte Getränke waren Wein oder Brause mit Schuss, was damals Himbeersaft war. Für die musikalische Begleitung einer solchen Feier waren Musikanten bestellt. Die männlichen Gäste hatten einen Taler „Tanzgeld" zu zahlen. Jeder Gast, der die Feier verließ, wurde mit einem Ständchen verabschiedet.

Der Krug ist bis heute ein wichtiger Treffpunkt für die Wilhelmsburger. Nach dem Zweiten Weltkrieg diente er auch als Veranstaltungsort. Es traten Schauspieler auf und Kinofilme wurden gezeigt. Im Winter brachte jeder Zuschauer ein in Zeitungspapier gewickeltes Brikett-Stück für den Ofen mit, damit es angenehm warm im Zuschauerraum war. Heute sollten Sie nur etwas Neugier und Muße mitbringen, wenn Sie mit den Wilhelmsburgern ins Gespräch kommen möchten. Und vielleicht erfahren Sie dabei noch die eine oder andere Begebenheit, die nicht hier im Buch erzählt ist.

# Weiterführende Literatur <<<<


Beckershaus, Horst: *Die Hamburger Straßennamen. Woher sie kommen und was sie bedeuten,* Ernst Kabel Verlag, Hamburg 1997

Blanckenburg, Christine von: *Die Hanse und ihr Bier. Brauwesen und Bierhandel im hansischen Verkehrsgebiet.* Quellen und Darstellungen zur hansischen Geschichte, hg. vom Hansischen Geschichtsverein, Neue Folge/Band LI, Böhlau Verlag, Köln 2001

*Die Insel,* Zeitschrift des Vereins für Heimatkunde in Wilhelmsburg e.V. – gegr. 1907, XXV. Jahrgang, Hamburg 1990

*Hamburg von Altona bis Zollenspieker. Das Haspa-Handbuch für alle Stadtteile der Hansestadt,* Hoffmann und Campe Verlag, Hamburg 2002

Hanke, Christian: *Hamburgs Straßennamen erzählen Geschichte.* Mit Stadtteilrundgängen, Karten und Fotos, Medien-Verlag Schubert, Hamburg 1997

Knuth, Ariane/Strothmann, Dierk: *Bürger, Brauer, Zuckerbäcker. Die Hamburger Deichstraße im Spiegel der Zeit,* Germa Press Verlag, Hamburg 2000

Kopitzsch, Franklin/Brietzke, Dirk (Hg.): *Hamburgische Biografie, Personenlexikon,* 2 Bände, Christians Verlag 2001 und 2003

Kopitzsch, Franklin/Tilgner, Daniel (Hg.): *Hamburg-Lexikon,* Zeise Verlag, Hamburg 1998

Krüger, Ulf: *Beatles Guide Hamburg,* deutsch/englisch, Europa Verlag, Hamburg/Wien 2001

Pabel, Reinhold: *Alte Hamburger Straßennamen,* Edition Temmen, Bremen 2001

Pelc, Ortwin: *Im Schutz von Mauern und Toren: die Befestigung der schleswig-holsteinischen Städte in Mittelalter und Neuzeit,* Verlag Boyens & Co., Heide 2003

Reinstorf, Ernst: *Geschichte der Elbinsel Wilhelmsburg. Von Urbeginn bis zur Jetztzeit,* Neuauflage mit Ergänzungen der Erstauflage 1955 (Verlag Buchhaus Wilhelmsburg, Georg Romanowski (Hrsg.)), Zukunft Elbinsel Wilhelmsburg e.V., Hamburg-Wilhelmsburg 2003

SCHLOZ, HARALD U.A./HAMBURGER FEUERKASSE (HG.): *Es begann 1676. Hamburg, Geschichte, Katastrophen, Feuersbrünste, Hamburger Feuerkasse.* L & H Verlag, Hamburg 2001

SCHÜTT, ERNST CHRISTIAN: *Die Chronik Hamburgs*, Chronik Verlag, Dortmund 1991

THEDE-OTTOWELL, ANNE-MARIE: *Hamburg,* Band II, Kurzgeschichten historisch und zum Schmunzeln, hg. vom Stadtteilarchiv Hamm, Hamburg 2000

THOMSEN-FÜRST, RÜDIGER: *Hamburg musikalisch, Spurensuche in der Neustadt,* L&H Verlag, Hamburg 2000